Liebe Leserinnen und Leser,

die Reformation war ein epochales Ereignis, das nicht vor der Oberlausitz Halt machte. Ganz im Gegenteil wurde die Oberlausitz sehr rasch von Luthers Ideen erfasst und übersprang gewissermaßen das albertinische Herzogtum Sachsen. Aber was war die Reformation eigentlich? Gegründet auf tiefe religiöse Überzeugungen bewirkte sie einen grundlegenden Wandel im kirchlichen Leben genauso wie in der Politik, in der Bildung und Kunst und im Alltag der Menschen. Sie erfasste alle Lebensbereiche der Gesellschaft. Die Reformation war keine nationale Angelegenheit. Hier in der Oberlausitz verbreitete sie sich im 16. Jahrhundert gleichermaßen unter Deutschen und Sorben.

Insofern freue ich mich sehr, dass es uns als Kulturraum Oberlausitz-Niederschlesien mit Unterstützung der Evangelischen Verlagsanstalt Leipzig gelungen ist, diesen Band »Orte der Reformation – Oberlausitz« auf den Weg zu bringen. Er kommt in einer eindrucksvollen Aufmachung daher und bietet weit mehr, als nur ein Fenster in die Vergangenheit zu öffnen. Er zeigt die oftmals unscheinbar am Wegesrand vorhandenen Spuren dieses jahrhundertelangen Ringens, das gerade in der Oberlausitz aufgrund ihrer eigenartigen Verfassungsverhältnisse zu einem tolerierten Nebeneinander von altem und neuem Glauben geführt hat.

Insofern soll der Band auch auf die Schönheiten dieses Landstrichs aufmerksam machen und Besucher in die Oberlausitz locken. Die Herausgeber hatten mit einer besonderen Herausforderung zu kämpfen, denn in diesem Band wird nicht lediglich eine Stadt vorgestellt, sondern eine ganze Landschaft. Sie reicht von dem Flüsschen Pulsnitz im Westen bis zum Queis im Osten (der heute in Polen liegt und dort Kwisa heißt) und beanspruchte als Markgraftum Oberlausitz über viele Jahrhunderte durchaus eigene Staatlichkeit. Insofern eröffnet das Heft zugleich einen Blick über die Grenze, denn die historische Oberlausitz liegt heute zu gut einem Drittel in Polen.

Natürlich kann die vorliegende Publikation nur eine Auswahl bieten. Sie stellt Orte vor, an denen die Ereignisse der Reformation und ihre Folgen eindrucksvoll sichtbar werden. Manche dieser Orte sind bereits touristisch erschlossen, andere warten noch auf ihre Entdeckung. Ich bin mir sicher: Wer den Spuren von Reformation und Gegenreformation folgt, wird überraschende Entdeckungen machen.

Bernd Lange
Vorsitzender des Kulturkonvents
Kulturraum Oberlausitz-Niederschlesien

Inhalt

BAUTZEN — *hoch über dem Spreetal gelegen – ist die Hauptstadt der Oberlausitz. Hier befanden sich mit der Ortenburg die Landeszentrale und mit dem Dom St. Petri die Hauptkirche.*

GÖRLITZ — *an der alten transkontinentalen via regia gelegen – war das Scharnier des Ost-West-Handels. Durch den Handel mit Waid und anderen Gütern zu Wohlstand gelangt, entwickelten die reichen Kaufleute in der Reformationszeit das Görlitzer Hallenhaus. Mit diesem besonderen Bürgerhaustyp bewirbt sich die Stadt um Aufnahme in die Weltkulturerbeliste.*

ZITTAU — *galt als böhmischste Stadt unter den Sechs-städten der Oberlausitz. Im 17./18. Jahrhundert gelangte Zittau zu Wohlstand, was sich auch in der barocken Architektur niederschlug. Die Stadt erhielt den Beinamen »die Reiche«. Heute knüpft die Stadt an diese spannende Vergangenheit an, ist Hochschulstandort und besitzt ein eindrucksvolles Museum.*

DIE OBERLAUSITZ ENTDECKEN

Die Oberlausitz, im Osten Deutschlands gelegen, besitzt eine spannende Geschichte. Jahrhundertelang ein böhmisches Kronland, erstreckt sie sich heute über Deutschland und Polen. Begeben Sie sich auf Spurensuche!

Reformation und kirchliches Leben in der Oberlausitz

VON LARS-ARNE DANNENBERG UND MATTHIAS DONATH

Martin Luther (1483–1546) war nie in der Oberlausitz. Dass er anlässlich einer Kirchenvisitation höchstpersönlich in Bischdorf und gar in einer Bastion des alten Glaubens, im Kloster St. Marienstern, gepredigt haben soll, gehört ins Reich der Legende. Dafür hatte sein engster Mitstreiter Philipp Melanchthon (1497–1560) die Oberlausitz besucht, als er 1559 gemeinsam mit seinem Schwiegersohn Caspar Peucer (1525–1602), der aus dieser Landschaft stammte, nach Bautzen reiste und der städtischen Ratsschule einen Besuch abstattete. Caspar Peucer, obwohl Arzt, hatte selbst an der Verbreitung des Luthertums im Osten mitgewirkt und war nach Ungarn gereist, um dort an den Gymnasien und Universitäten für Luthers Lehre zu werben. Vermutlich war er sorbischer Herkunft und konnte sich in seiner Muttersprache mit den slowakischen Bewohnern Oberungarns verständigen.

In Bautzen wurden 1869 Denkmäler für Martin Luther und Philipp Melanchthon errichtet, die der Bildhauer Friedrich Wilhelm Schwenk (1830–1871) schuf. Ursprünglich standen sie vor der Bürgerschule am Lauengraben. 1983, zum 500. Geburtstag Luthers, wurden sie in den Garten des ehemaligen Bautzener Lehrerseminars versetzt. Daneben sind in den Städten und Dörfern der Oberlausitz zahlrei-che weitere Lutersteine, -denkmäler und -linden zu finden. Als man 1883 den 400. Geburtstag Martin Luthers feierte und etwa in Niedergurig ein ausschließlich sorbisch beschriftetes Lutherdenkmal enthüllte, zweifelte niemand an der lutherischen Identität der Oberlausitz. Etwa 90 Prozent der Einwohner bekannten sich damals zum evangelischen Glauben.

Sechs Städte und viele kleine Grundherrschaften

Die Oberlausitz ist eine Brückenlandschaft zwischen Sachsen, Schlesien und Böhmen. Eingerahmt von den Flüssen Pulsnitz im Westen und Queis (Kwisa) im Osten, dem Lausitzer und Zittauer Gebirge im Süden sowie den kargen Heiden und Wäldern von Ruhland über Hoyerswerda bis Penzig (Pieńsk) im Norden, gehörte die Oberlausitz zwar über viele Jahrhunderte zur Krone Böhmen und seit 1635 zu Kursachsen, dennoch konnten die Stände weitgehend selbständig über ihre Geschicke bestimmen.

Die Einführung der Reformation in der Oberlausitz war nicht der Akt eines einzelnen Herrschers. Vielmehr setzte sich die Reformation gegen den Willen der Landesfürsten, der Könige von Böhmen aus dem Herrschergeschlecht der Habsburger, durch. Das Markgraftum Oberlausitz war schon

▶
Denkmäler für Martin Luther und Philipp Melanchthon in Bautzen

◀ **Seite 10/11**
Sorbischer evangelischer Gottesdienst in der Kirche Uhyst zum sorbischen evangelischen Kirchentag 2013

Die Oberlausitz

seit dem 14. Jahrhundert ein böhmisches Kronland. Allerdings hatte sich in der Oberlausitz eine eigene Ständeverfassung herausgebildet, die den Grundherren starke Rechte einräumte. Der Markgraf der Oberlausitz, zugleich König von Böhmen, war auf die Mitwirkung der Stände angewiesen. Diesen Ständen gehörten die sechs großen Städte der Oberlausitz (Bautzen, Görlitz, Kamenz, Löbau, Zittau, Lauban) an, die sich 1346 im Sechsstädtebund zusammengeschlossen hatten, außerdem die (zumeist adligen) Besitzer der Rittergüter und Vertreter von vier geistlichen Einrichtungen. Der König von Böhmen weilte nur selten in der Oberlausitz und wurde durch einen Landvogt vertreten.

Als die Schriften und Gedanken Martin Luthers auch in die Oberlausitz vordrangen, traten die Einwohner der großen und kleinen Städte zum neuen Glauben über. Zwischen 1521 und 1540 stellten die Stadträte der Sechsstädte lutherische Prediger an. Auch die adligen Grundherren, die zugleich Kirchenpatrone waren, führten in ihren Grundherrschaften die Reformation ein. In der Oberlausitz setzte sich die Reformation sozusagen »von unten« durch, weil die Stände das Recht beanspruchten, über Glaubensfragen eigenständig entscheiden zu

können, ohne den König fragen zu müssen. Innerhalb von zwei Generationen setzte sich die lutherische Lehre fast im ganzen Land durch.

Nur die Zisterzienserinnenklöster St. Marienstern und St. Marienthal, das Kloster der Magdalenerinnen in Lauban und das Domstift St. Petri Bautzen widersetzten sich der Reformation. Ihnen gelang es, den Großteil ihrer Untertanen beim katholischen Glauben zu halten. Allerdings versuchten einzelne Äbtissinnen der beiden Zisterzienserinnenklöster, ihre Abteien in evangelische Damenstifte umzuwandeln, was jedoch scheiterte.

Zwei Völker und zwei Sprachen

Die Oberlausitz ist ein Land mit zwei Völkern und zwei Sprachen. Über Jahrhunderte lebten und leben Menschen mit sorbischer und deutscher Muttersprache friedlich nebeneinander. Die deutsche Zuwanderung im 12. und 13. Jahrhundert führte nicht, wie in anderen Landschaften, zu einer vollständigen Assimilation der slawischen Bevölkerung. In den Altsiedelgebieten um Bautzen blieb ein geschlossenes sorbisches Siedlungsgebiet erhalten. Nach der Einführung der Reformation etablierten

sich zwei sorbische Schriftsprachen: das Niedersorbische in der Niederlausitz und das Obersorbische in der Oberlausitz.

Die sorbische Bevölkerung der Oberlausitz, die sich auf unterschiedliche Grundherrschaften verteilte, trat überwiegend zum lutherischen Glauben über. Nur eine Minderheit, die dem Kloster St. Marienstern und dem Domstift Bautzen untertan war, blieb katholisch. Die Reformation trug entscheidend zur Entwicklung der obersorbischen Schriftsprache bei, da Bibeln und Gesangbücher ins »Wendische« übersetzt wurden. 1594 veröffentlichte der Pfarrer Wenzel Warichius (1564–1618) aus Göda Luthers Katechismus in sorbischer Übersetzung. Es war der erste Druck in obersorbischer Sprache.

Im 20. Jahrhundert setzte sich unter den evangelischen Sorben die deutsche Sprache durch. Die katholischen Sorben hingegen hielten stärker an ihrer Muttersprache fest, so dass sich heute immer wieder der Eindruck aufdrängt, alle Sorben seien katholisch. Das ist jedoch nicht der Fall.

Zwei Konfessionen

Die vier geistlichen Einrichtungen der Oberlausitz konnten gemäß der Ständeverfassung nicht gezwungen werden, den neuen Glauben anzunehmen. Der Bautzener Domdekan Johann Leisentrit (1527–1586) versuchte, den katholischen Glauben in der Oberlausitz durch die Gründung eines eigenen Bistums abzusichern. Der letzte Bischof des alten Bistums Meißen, Johann IX. von Haugwitz (1524–1595), ernannte Leisentrit zum Generalvikar für die Ober- und Niederlausitz. 1560 wurde er von der Kurie in Rom zum Apostolischen Administrator erhoben. Damit blieb die katholische Kirchenorganisation bestehen. Dem katholischen Domkapitel St. Petri in Bautzen, das die Katholiken in der Oberlausitz betreute, stand allerdings eine überwiegend evangelische Bevölkerung gegenüber. Die beiden Konfessionen mussten sich arrangieren und ein friedliches Nebeneinander organisieren.

Ein Symbol des friedlichen Zusammenlebens der beiden Konfessionen ist der Dom St. Petri in Bautzen. Er gehört zu den wenigen Simultankirchen in Deutschland, zu jenen Gotteshäusern, in denen sowohl evangelischer als auch katholischer Gottesdienst stattfindet. Die 1221 geweihte Kirche war sowohl die Stiftskirche des Domkapitels St. Petri als auch die Stadtkirche Bautzens. 1525 fand hier die erste lutherische Predigt mit der Austeilung des Abendmahls unter beiderlei Gestalt statt. Ab 1540 gestattete das Domkapitel die gemeinsame Nutzung, was dazu führte, dass sich die Gläubigen beider Konfessionen miteinander verständigen mussten. Bis heute richtet sich die Nutzung des Domes nach einem gemeinsam vereinbarten Zeitplan. Glocken und Orgel werden von beiden Gemeinden gemeinsam genutzt.

Kirchen und Schulen

Martin Luther forderte in seiner 1524 publizierten Schrift »An die Ratsherren aller Städte deutschen Landes«, christliche Schulen zu errichten, damit jederman die Bibel selbst lesen und verstehen könne. Auch in den Städten der Oberlausitz wurden nach Einführung der Reformation neue Schulen gegründet. Die wohl berühmteste humanistische Schule der Oberlausitz war das Gymnasium Augustum in Görlitz. Es ging aus einer 1530 gegründeten evangelischen Lateinschule hervor, die 1565 in das Gebäude des aufgelösten Franziskanerklosters verlegt und in ein Gymnasium umgewandelt wurde. Der erste Rektor der Schule war Petrus Vincentius (1519–1581), der zuvor als Professor an der Wittenberger Universität gelehrt hatte und mit Philipp Melanchthon befreundet war. Da es damals in der Oberlausitz und in Schlesien keine Universität gab, hatte das Gymnasium Augustum als höhere Lehranstalt die Aufgabe, eine evangelische Elite heranzubilden.

◀ Seite 14
Wegekreuz im katholisch-sorbischen Gebiet bei Schmochtitz

Beide Konfessionen mussten sich arrangieren und ein friedliches Nebeneinander organisieren.

Das Gymnasium Augustum nutzte die Gebäude des im 13. Jahrhundert gegründeten Franziskanerklosters neben der evangelischen Dreifaltigkeitskirche, der ehemaligen Klosterkirche. Die mittelalterlichen Klosterbauten ersetzte man 1854 bis 1856 durch ein neugotisches Schulhaus, das stilistisch an ein englisches College erinnert. Heute ist im historischen Schulgebäude das Augustum-Annen-Gymnasium untergebracht.

Aus der Oberlausitz, genauer gesagt aus Troitschendorf (Trójca) bei Görlitz, stammt Valentin

Johann Leisentrit – Diplomat zwischen den Konfessionen

1559 war Johann Leisentritt (1527–1586) zum Dekan des Bautzener Domkapitels St. Petri gewählt worden. Bereits seit 1551 gehörte der aus dem mährischen Olmütz stammende Kirchenmann dem Stift an. Längst hatten die Ideen Luthers auch das St. Petri-Stift erreicht. Der Propst Hieronymus von Komerstädt (um 1515–1575) war zum neuen Glauben übergetreten.

Schlimmer noch, der junge Meißner Bischof Johann von Haugwitz (1524–1595) hatte sich in die Abhängigkeit des sächsischen Kurfürsten begeben und 1555 einen Vertrag geschlossen, in dem er sich verpflichtete, das evangelisch-lutherische Bekenntnis in der Diözese Meißen unangetastet zu lassen und die Reichstage nur mit Genehmigung des Kurfürsten zu besuchen. Und er ließ sich darauf ein, Hochstiftsbesitz gegen eine Entschädigung an den Kurfürsten abzutreten. 1560 erwarb Kurfürst August von Sachsen (1526–1586) daraufhin das Land Stolpen, das kirchlich zum Archidiakonat Oberlausitz gehörte. Der Bischof verlor seine wichtige Residenz, die Burg Stolpen.

Später klagte Bischof Johann von Haugwitz gegenüber dem König von Böhmen, der Kurfürst habe bei Vertragsschluss seine Jugend ausgenutzt, er aber fühle sich an seinen Eid gebunden, durch den er sich verpflichtet hatte, das Bistum unversehrt zu erhalten. Die Kurie versuchte zu retten, was zu retten war, und ernannte 1560 den Bautzener Dekan Johann Leisentrit zum Apostolischen Administrator für die Ober- und Niederlausitz mit den Rechten und Befugnissen eines Bischofs. Gleichzeitig berief Bischof Johann von Haugwitz Leisentrit zum bischöflichen Generalkommissar für beide Lausitzen. Das Bautzener Kollegiatkapitel, das nunmehr faktisch in den Rang eines Domkapitels erhoben worden war, erhielt daraufhin die bischöfliche Jurisdiktion für die katholischen Pfarreien in der Region. 1569 wurde schließlich das Kapitel direkt dem päpstlichen Stuhl unterstellt. Das alte Bistum Meißen erlosch 1581, als Johann von Haugwitz, der inzwischen zur lutherischen Konfession übergetreten war, sein Bischofsamt niederlegte. Erst 1921 wurde das katholische Bistum Meißen wiedererrichtet – mit Sitz in Bautzen, seit 1980 in Dresden.

Zum Glück verfügte Leisentrit auch in Prag über gute Kontakte. Nicht zufällig hatte ihn Kaiser Maximilian II. (1527–1576) 1564 auch zum kaiserlich und königlich-böhmischen Generalkommissar in Religionssachen in den Lausitzen ernannt. Damit vertrat er die landesherrliche Autorität in Kirchenangelegenheiten auch gegenüber den lutherischen Gemeinden, wobei sich Leisentrit stets als ein Mann des Ausgleichs erwies, der das Nebeneinander der Konfessionen akzeptierte und nicht an den bei seinem Amtsantritt vorgefundenen kirchlichen Verhältnissen rüttelte.

So hatte er den katholischen Gebrüdern von Maltitz, die 1571 die Herrschaft Hoyerswerda erworben, davon abgeraten, die Augsburgische Konfession in ihrer Herrschaft wieder abzuschaffen, und 1575 dem Kaiser erklärt: »Was ich auf dem Lande und in den Städten der katholischen Religion oder der Augsburgischen Konfession gemäß befunden, dasselbe habe ich auch also unverrückt und unverändert verbleiben lassen und jeden Teil in gebührlichen Schutz genommen«.

Johann Leisentrit bemühte sich um die Erneuerung des Glaubenslebens in den katholisch gebliebenen Pfarreien. Unter dem Eindruck des evangelischen Kirchengesangs dichtete er selbst Kirchenlieder und gab diese 1567 in einem Gesangbuch heraus. Leisentrit übernahm Melodien und Liedtexte auch aus evangelischen Gesangbüchern. Luthers Lieder indes versah er häufig mit einem neuen Text.

Am 24. November 1586 starb Johann Leisentrit in Bautzen. Ihm ist es wesentlich zu verdanken, dass in der Oberlausitz bis heute ein Neben- und Miteinander von katholischen und evangelischen Gemeinden besteht.

Trotzendorf (1490–1556), ein bedeutender Schulreformer des 16. Jahrhunderts. Über viele Jahre leitete er das 1523 gegründete Gymnasium in Goldberg in Schlesien. Er stellte eine Schulordnung auf, die überall in der evangelischen Welt nachgeahmt wurde. Trotzendorfs Gedanke, die Schüler an der Verwaltung von Schule und Internat zu beteiligen, gilt noch heute als moderner pädagogischer Ansatz.

Mit dem eingangs genannten Caspar Peucer war ein anderer Bautzener Arzt verwandt: Gregor Mättig (1585–1650). Er gelangte zu Reichtum und gründete eine Stiftung, die über viele Jahrhunderte Bürgersöhnen das Studium ermöglichte. Gregor Mättigs Netzwerk trug auf diese Weise nicht unwesentlich zur Stärkung einer lutherischen Identität unter den Sechsstädten der Oberlausitz bei.

Ganz wesentliche Bedeutung hatte Luther der Musik zugemessen. So setzte sich der Görlitzer Ratsherr und spätere Bürgermeister Bartholomäus Scultetus (1540–1614) für die Gründung des »Convivium Musicum« ein. Überhaupt war jener Bartholomäus Scultetus ein sehr genauer Beobachter der Veränderungen seiner Zeit und hielt in der Schrift über die »Verwandlung der Religion« die Verbannung von Palmeseln aus der Kirche oder die Abschaffung von Bittprozessionen fest.

In vielen Städten der Oberlausitz blieben katholische Bräuche auch nach Einführung der Reformation erhalten. So wurde der Altar der Zittauer Johanneskirche bis 1672 in der Fastenzeit mit einem Fasten- oder Hungertuch verhüllt. Das 1472 gestiftete »Große Zittauer Fastentuch« wird heute in der Zittauer Kreuzkirche als wertvolles Exponat mittelalterlicher Textilkunst ausgestellt. 1573, als längst die Reformation eingeführt war, schuf ein unbekannter Künstler das »Kleine Zittauer Fastentuch«, das bis 1684 in kirchlichem Gebrauch blieb. Heute ist es im Kulturhistorischem Museum in Zittau zu sehen.

Auch das Heilige Grab in Görlitz, ein Landschafts- und Architekturensemble mit der Nachbildung der Heiligen Stätten in Jerusalem, blieb in Gebrauch. Zwischen 1480 und 1504 war das »Lausitzer Jerusalem« nach einer Stiftung des vermögenden Görlitzer Kaufmanns Georg Emmerich (1422–1507) geschaffen worden. Nach Einführung der Reformation entwickelte sich die Pilgerstätte zu einem lutherischen Wallfahrtsort. Ein Kreuzweg mit sieben Stationen führte von der evangelischen Hauptkirche, der Peterskirche, zum Heiligen Grab. Heute verwaltet die Evangelische Kulturstiftung Görlitz das bedeutende Zeugnis katholischer wie lutherischer Frömmigkeit.

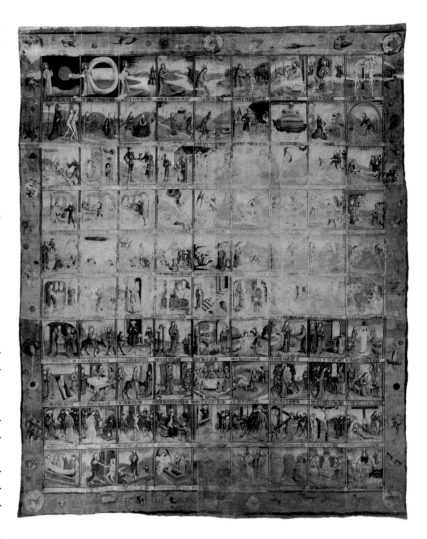

Großes Zittauer Fastentuch

Von Böhmen zu Sachsen

Der Dreißigjährige Krieg veränderte die Machtverhältnisse in der Oberlausitz. 1620 besetzte Kurfürst Johann Georg I. von Sachsen (1586–1656) im Auftrag des katholischen Kaisers Ferdinand II. (1578–1637) das Land, weil sich die Oberlausitzer an der Rebellion gegen die Habsburger-Herrschaft in Böhmen beteiligt hatten. Da der Habsburger die Kriegskosten nicht bezahlen konnte, übertrug er 1635 die Markgraftümer Ober- und Niederlausitz an den Kurfürsten von Sachsen. Bei der Übergabe musste der Kurfürst, ein treuer Anhänger des lutherischen Glaubens, aber versichern, die Religionsverhältnisse nicht anzutasten. Das hatte zwei gravierende Folgen: Erstens blieb die Oberlausitz von der Gegenreformation verschont, die in Böhmen und Schlesien teilweise mit Gewalt durchgesetzt wurde. Der lutherische Glaube blieb unangetastet. Die Oberlausitz wurde sogar zur Zuflucht für Lutheraner aus Böhmen und Schlesien, die unter Zwang ihr Land verlassen mussten.

Kloster St. Marienstern

Zweitens musste der sächsische Kurfürst akzeptieren, dass in der Oberlausitz katholische Untertanen lebten und katholische Klöster bestanden. Er durfte die geistlichen Einrichtungen weder auflösen noch behindern. Damit gehörten zum streng lutherischen Sachsen auf einmal katholische Gebiete, und der Landesfürst war verpflichtet, auch den katholischen Untertanen seinen Schutz zu gewähren. Die Apostolische Administratur in Bautzen wurde zum Ausgangspunkt der Wiedererrichtung der katholischen Kirche in Sachsen. Seit Mitte des 19. Jahrhunderts waren die Dekane des Bautzener Domstifts St. Petri zugleich auch als Apostolische Vikare für die katholischen Christen in den sächsischen Erblanden zuständig.

Ein sichtbares Zeugnis der Zuwanderung evangelischer Glaubensflüchtlinge (Exulanten) aus Böhmen ist die Pfarrkirche »Zur Heiligen Dreifaltigkeit« in Neusalza-Spremberg. Christoph Friedrich von Salza (nach 1605–1673) siedelte 1668/70 außerhalb des Dorfes Spremberg, nahe der böhmischen Grenze, vertriebene Lutheraner an und gründete die Stadt Neusalza. Da sich unter den Siedlern auch »Exulanten böhmischer Zunge« befanden, die nicht Deutsch sprachen, erwirkte Anna Catharina von Salza (gest. 1682) den Bau eines eigenen Gotteshaus für die böhmischen Lutheraner. Der erste Pfarrer Stephan Pilarick (1615–1693) war ein Glaubensflüchtling aus Ungarn. Aufgrund der unterschiedlichen Herkunftsländer der Exulanten setzte sich schon bald die deutsche Sprache durch. In der Kirche wurde jedoch noch bis 1801 in tschechischer Sprache gepredigt. Auch Zittau erlebte im 17. und 18. Jahrhundert einen starken Zustrom von Glaubensflüchtlingen tschechischer Muttersprache. 1691 erhielt die böhmische Gemeinde eine eigene Kirche. 1843 wurde letztmals Gottesdienst in tschechischer Sprache gehalten.

Die Klöster St. Marienstern und St. Marienthal orientierten sich in kultureller Hinsicht stark an Böhmen. Im 18. Jahrhundert wurden die Klosteranlagen im Stil des böhmischen Barock umgebaut. Sie sollten inmitten eines weitgehend evangelischen Landes die Macht und Glaubensgewissheit der katholischen Kirche bezeugen. Da die Klöster nicht mehr der Habsburger-Herrschaft unterstanden, waren sie nicht von den den Reformen in der zweiten Hälfte des 18. Jahrhunderts betroffen, als Kaiser Joseph II. (1741–1790) nahezu alle Klöster seines Reiches auflöste. St. Marienthal und St. Marienstern sind damit die ältesten durchgehend bestehenden Zisterzienserinnenkonvente des deutschen Sprachraums.

Theologen und Philosophen

Die Oberlausitzer Ständeverfassung machte es möglich, dass sich auf sächsischem Gebiet eine außergewöhnliche konfessionelle Vielfalt entwickeln konnte. Lutheraner, Katholiken und Mitglieder der Herrnhuter Brüdergemeine, einer evangelischen Freikirche, lebten friedlich neben- und miteinander. Die intellektuelle Elite des Landes, die adligen Rittergutsbesitzer und reichen Stadtbürger, waren neuen religiösen Gedanken aufgeschlossen und förderten neues Denken selbst dann, wenn es vom strengen Luthertum abwich.

Bekannte Philosophen aus der Oberlausitz waren Jakob Böhme (1575–1624), Johann Gottlieb Fichte (1762–1814) und allen voran Gotthold Ephraim Lessing (1729–1781). Dass die Oberlausitzer geborene Philosophen seien, hatte schon Christian Nicolaus Naumann (1720–1797), der Studienfreund Lessings, gleichermaßen ironisch wie anerkennend bemerkt: »An muntern Köpfen, aus denen etwas rechts werden könnte, mangelts hier nicht, nur an Mitteln. (...) Die mehrsten Einwohner sind gebohrne Philosophen«.

Gotthold Ephraim Lessing wurde als Sohn eines lutherischen Pfarrers in Kamenz geboren. Er gilt als Dichter und Denker der Aufklärung. Lessing setzte sich für die Gleichberechtigung anderer Überzeugungen und Glaubensrichtungen ein. In seinem Drama »Nathan der Weise« warb er für das friedliche Miteinander der Religionen und Konfessionen.

1722 siedelte Nikolaus Ludwig Graf von Zinzendorf (1700–1760) auf seinem Rittergut Berthelsdorf bei Löbau evangelische Glaubensflüchtlinge aus

»Die mehrsten Einwohner sind gebohrne Philosophen«

Mähren an. Aus der frommen Gemeinschaft ging nach einem Erweckungserlebnis 1727 die Herrnhuter Brüderunität hervor, die sich in die Tradition der Böhmischen Brüder stellte und als eigenständige, dem Luthertum verwandte Kirche anerkannt wurde. Indem die Herrnhuter auf allen Kontinenten Niederlassungen gründeten, entwickelte sich die Freikirche zu einer internationalen Glaubensgemeinschaft. Die Herrnhuter gründeten mehrere bedeutende Internatsschulen.

1726 nahm Zinzendorf in Berthelsdorf vertriebene Schwenkfelder auf, die aus Schlesien fliehen mussten. Sie gehörten einer evangelischen Glaubensgemeinschaft an, die sich auf den schlesischen Reformator Caspar Schwenckfeld von Ossig (1490–1561) berief und sowohl von den Lutheranern als auch von den Katholiken verfolgt wurde. 1734 wanderten die Schwenkfelder nach Nordamerika aus. In den USA besteht die »Schwenkfelder Church« noch heute.

Geteilt zwischen Sachsen und Preußen

Nach den Napoleonischen Kriegen wurde König Friedrich August I. von Sachsen (1750–1827), der bis zur Völker-

Büste des Grafen Zinzendorf im Garten des Herrnhuter Kirchsaals

Grabdenkmal für den katholischen Pfarrer Michael Hornig, einen Befürworter der sorbischen Nationalbewegung, auf dem Nikolaifriedhof in Bautzen, 1894

sische Landeskundler Joseph Partsch (1851–1925) stellte noch 1911 fest, dass die Bewohner der preußischen Oberlausitz vom eigentlichen Schlesien – östlich der Flüsse Queis und Bober – »wie von einem fremden Land sprechen«.

Görlitz entwickelte sich unter preußischer Herrschaft zur zweitgrößten Stadt Niederschlesiens. Anfang des 20. Jahrhunderts erreichte der wirtschaftliche Aufschwung auch das karge Heide- und Teichgebiet im Norden der Oberlausitz. Dort wurden große Braunkohlengruben erschlossen. Während im sächsischen Anteil der Oberlausitz die sorbische Identität erhalten blieb, taten die preußischen Behörden alles, um in ihrem Landesteil die sorbische Sprache zurückzudrängen und durch die deutsche Sprache zu ersetzen. Bautzen wurde zum Zentrum der sorbischen Nationalbewegung, die sich seit der Mitte des 19. Jahrhunderts immer mehr entfaltete. Nur eine Minderheit der sorbischen Bevölkerung forderte allerdings einen eigenen sorbischen Staat. Die Mehrheit war konservativ und königstreu.

Die Teilung der Oberlausitz vor 200 Jahren führte auch zu einer kirchlichen Teilung, die bis heute fortbesteht. Die evangelischen Christen im preußischen Anteil gehörten seit 1815 zur Evangelischen Kirche in Schlesien. König Friedrich Wilhelm III. von Preußen (1770–1840) vereinte 1817 in seinem Staatsgebiet die lutherische und reformierte Glaubenstradition. Diese Union rief bei zahlreichen Lutheranern der Oberlausitz Unmut hervor. Einige von ihnen wanderten aus Glaubensgründen in die USA aus. Im sächsischen Anteil der Oberlausitz blieb die lutherische Kirchenorganisation bestehen. Nach dem Ende der Monarchie wurden die Oberlausitzer Gemeinden in die Evangelisch-Lutherische Landeskirche Sachsens integriert.

Auch die Katholiken der Oberlausitz gehörten seit 1815 unterschiedlichen Bistümern an. Die katholischen Christen des preußischen Anteils wurden dem Bistum Breslau unterstellt. Im sächsischen Anteil der Oberlausitz wurde 1921 das in der Reformationszeit erloschene Bistum Meißen wiedererrichtet. Es erhielt seinen Sitz in Bautzen.

schlacht bei Leipzig zu Napoleon gehalten hatte, hart bestraft. Nach den Beschlüssen des Wiener Kongresses musste er 1815 mehr als die Hälfte seines Landes an das Königreich Preußen abtreten. Die neue Grenzlinie wurde mitten durch die Oberlausitz gezogen. Dabei nahm man nicht auf gewachsene Einheiten Rücksicht, sondern zerteilte Kirchgemeinden und Grundherrschaften. Weniger als die Hälfte der Oberlausitz – mit den Städten Kamenz, Bautzen, Löbau und Zittau – blieb auf sächsischer Seite. Der preußische Anteil des Markgraftums Oberlausitz wurde verwaltungstechnisch der Regierungsprovinz Liegnitz der Provinz Schlesien angegliedert. Allerdings betrachteten sich die Bewohner der Landkreise Hoyerswerda, Rothenburg, Görlitz und Lauban auch weiterhin als Oberlausitzer. Der schle-

Umbrüche im 20. Jahrhundert

Die Westverschiebung Polens nach dem Zweiten Weltkrieg machte die Neiße zur Grenzlinie. Abermals wurde die Oberlausitz geteilt. Der östliche Teil fiel an Polen, der westliche Teil gehörte zur sowjetischen Besatzungszone. Im Juli 1945 wurden die ehemals preußischen Anteile der Oberlausitz, die westlich der Neiße lagen, der Landesverwaltung Sachsen unterstellt. Heute gehören zwei Drittel der Oberlausitz zu Sachsen und ein Drittel zu Polen. Ein kleiner Zipfel um Ruhland gelangte 1990 an das Land Brandenburg.

Viele Flüchtlinge aus Niederschlesien siedelten sich westlich der Neiße an – in der Hoffnung, eines Tages in die Heimat zurückkehren zu können. Diese Hoffnung erfüllte sich nicht. Doch die Erinnerung an Schlesien blieb erhalten, auch wenn sie in der DDR nicht erwünscht war. Die Oberlausitzer Gebiete westlich der Neiße, die zwischen 1815 und 1945 zum Regierungsbezirk Liegnitz gehört hatten, wurden als »Restschlesien« wahrgenommen. Einen maßgeblichen Anteil an der Bewahrung schlesischer Identität hatte die Evangelische Kirche in Schlesien, die infolge der Vertreibung auf das Restgebiet westlich der Neiße zurückgeworfen worden war. Der Sitz der Kirchenleitung wurde von Breslau nach Görlitz verlegt. Seit 1968 durfte man nicht mehr von »Schlesien«, sondern nur noch vom »Görlitzer Kirchengebiet« sprechen.

Nach dem Ende der DDR brach die verschüttete schlesische Identität wieder hervor. Um Görlitz und Niesky bekannten sich viele Menschen plötzlich zu Schlesien, indem sie etwa schlesische Fahnen hissten. Die Schlesier, die in Westdeutschland eine neue Heimat gefunden hatten, begrüßten und förderten diese Entwicklung, weil sie in und um Görlitz ein Stück ihrer alten Heimat sahen. Görlitz entwickelte sich zum wichtigsten deutschen Erinnerungsort für Schlesien. Nicht alle Oberlausitzer sind damit einverstanden. Bis heute wird darüber gestritten, ob die Stadt nun zu Schlesien oder zur Oberlausitz gehöre.

Die Grenzlinie von 1815 hat heute keine politische Bedeutung mehr. Die Landkreise Görlitz und

Flüchtlinge aus Schlesien in Görlitz, 1945

Bautzen bestehen jeweils aus ehemals preußischen und ehemals sächsischen Anteilen. Über die Grenze hinweg wurden zahlreiche Gemeindezusammenschlüsse vollzogen. Dennoch ist die Grenzlinie noch heute als Kirchengrenze spürbar. In der Oberlausitz bestehen zwei evangelische Landeskirchen, die ihren Sitz jeweils außerhalb der Oberlausitz haben. Die Evangelische Kirche der schlesischen Oberlausitz, so der Name seit 1992, schloss sich 2004 mit der Evangelischen Kirche in Berlin-Brandenburg zusammen. Die Kirchenleitung der Evangelischen Kirche Berlin-Brandenburg-schlesische Oberlausitz (EKBO) hat ihren Sitz in Berlin. Dagegen gehören die evangelischen Christen im südlichen und westlichen Teil der Oberlausitz der Evangelisch-Lutherischen Landeskirche Sachsens an. Auch die katholischen Christen sind nach wie vor zwei Bistümern zugeordnet. 1994 wurde aus dem deutschen Restgebiet des Erzbistums Breslau das Bistum Görlitz geschaffen. Es ist, gemessen an der Anzahl der Katholiken, das mit Abstand kleinste Bistum in Deutschland. Die katholische Pfarrkirche St. Jakobus in Görlitz dient als Kathedrale. Als das katholische Bistum Meißen 1921 wieder gegründet wurde, nahm es seinen Sitz in Bautzen. Hier residierten die Bischöfe, bis der Bistumssitz 1980 nach Dresden verlegt wurde. Auch das Domkapitel St. Petri zog

Karfreitagsprozession in Görlitz 2013

nach Dresden um. Damit trat die Oberlausitzer Tradition dieses Bistums in den Hintergrund.

Heute sind die evangelischen Christen eine Minderheit, die nur ein Fünftel der Bevölkerung umfasst. Die Säkularisierung, die in der DDR gezielt vorangetrieben wurde, veränderte die religiöse und konfessionelle Orientierung der Gesellschaft. Ein großer Teil der Bevölkerung trat in den Jahren der DDR und auch noch nach 1990 aus der Kirche aus. Die verbliebenen Christen müssen sich damit abfin-

Görlitz entwickelte sich zum wichtigsten deutschen Erinnerungsort für Schlesien.

den, dass sie nicht mehr unter den Bedingungen einer »Volkskirche« handeln können. Sie ziehen sich aber nicht in ihre Kirchen zurück, sondern versuchen ganz bewusst, in die Mitte der Gesellschaft

hineinzuwirken. Die christliche Prägung ist erhalten geblieben; das lutherische und katholische Erbe bleibt in das historische und kulturelle Gedächtnis eingeschrieben. •

▶ **DR. LARS-ARNE DANNENBERG**
ist Direktor des Zentrums für Kultur//Geschichte. Er promovierte zu einem kirchenrechtsgeschichtlichen Thema und ist Autor zahlreicher Publikationen zur Kirchengeschichte sowie zur Geschichte und Kultur der Oberlausitz.

▶ **DR. MATTHIAS DONATH**
ist Direktor des Zentrums für Kultur//Geschichte. Er promovierte zu einer kunsthistorischen Studie über den Meißner Dom und ist Autor zahlreicher Publikationen zur Kirchengeschichte sowie zur Geschichte und Kultur der Oberlausitz.

▶ **WEITERFÜHRENDE LITERATUR**
Lars-Arne Dannenberg/Matthias Donath/Dietrich Scholze (Hg.), Oberlausitzer Mythen, Meißen 2011

Lars-Arne Dannenberg/Matthias Donath, Luthers Erbe. Ein Wegweiser zu den Stätten der Reformation in der Oberlausitz, Nordböhmen und Niederschlesien, Krobnitz 2004

Umgebindehäuser

Das vielleicht bekannteste Markenzeichen der Oberlausitz sind die Umgebindehäuser. Dieser Haustyp kommt allerdings nur in der südlichen Oberlausitz vor, südwestlich der Linie Bautzen – Löbau – Ostritz. Und auch in den angrenzenden Landschaften Böhmens und Schlesiens ist er anzutreffen.

Es handelt sich um ein funktionales Haus in Volksbauweise, dessen Bauart vermutlich schon im Mittelalter entwickelt wurde. Über die Entstehung des Haustyps kursieren verschiedene Theorien. Eine von ihnen geht davon aus, dass es anfangs nur die aus Blockbohlen gezimmerte Bohlen- oder Blockstube gab. Weil dieser Raum nicht mehr ausreichte, stellte man über die Blockstube eine freistehende Ständerkonstruktion, die sowohl das Dach trug als auch Schlafräume und Kammern enthielt. Geheizt wurde nur die Blockstube, wo sich die Familie aufhielt. Gekocht wurde im Flur. Der Stall war außen angebaut.

Im 19. Jahrhundert stand dann in vielen Blockstuben ein Webstuhl, der fast den gesamten Raum einnahm. Deswegen wird noch immer vielfach angenommen, dass Umgebindehaus und Webstuhl eine untrennbare Einheit bildeten, war doch die Leineweberei im industriellen Zeitalter der vorherrschende Industriezweig in der Oberlausitz.

Etwa 19.000 Umgebindehäuser gibt es heute noch im Dreiländereck. Davon befinden sich etwa 6.500 in Sachsen und diese überwiegend in der Oberlausitz. Die Zahl der Umgebindehäuser nimmt immer mehr ab. Bei der Sanierung der noch vorhandenen Bauten hilft die Stiftung Umgebindehaus.

Zwei Völker, zwei Konfessionen und drei Sprachen

VON JENS BULISCH (ÜBERSETZUNG VON JOHN PETRICK)

Plötzlich grüßen zweisprachige Ortsschilder, auch Straßennamen – mitten in der Oberlausitz. Gelegentlich ist auch an öffentlichen Einrichtungen eine Beschriftung in einer anderen Sprache zu lesen. Selbst am Wirtshaus steht »Hosćenc«. Haben wir unbemerkt eine Grenze überschritten und das Land verlassen? Nein, obwohl wir möglicherweise für uns tatsächlich wissenswertes Neuland betreten: das Land der Sorben. Seit über tausend Jahren leben sie in der Nieder- und Oberlausitz. Als seit der Zeit der Ottonen um das Jahr 1000 verstärkt – und oft genug mit militärischer Unterstützung – Deutsche in die weitgehend unbesiedelten Gebiete einwanderten, mussten sich zwei Völker arrangieren: Deutsche und Sorben oder auch »Wenden«, wie jahrhundertelang die

Naraz će strowja dwurěčne městne tafle, runje tak mjena dróhow – wosrjedź Hornjeje Łužicy. Hdys a hdys čitaš tež na zjawnych zarjadnišćach napis w druhej rěči. Samo hosćenc ma cuzorěčne napismo. Smy skradźu hranicu překročili abo kraj wopušćili? Ně, a tola smy snano do nam njeznateho kraja přišli, kiž je woprawdźe hódny, zo bychmy wjac wo nim zhonili: do Serbow. Dlěje hač tysac lět su tu w Hornjej a Delnjej Łužicy žiwi. Jako wot časa Ottonow wokoło lěta 1000 dale a wjace Němcow do zwjetša njewobsydlenych kónčin zapućowaše – a hustodosć z wojerskej podpěru – měještej dwaj ludaj ze sobu wuńć: Němcy a Serbja abo »Wenden«, kaž Němcy swojich słowjanskich susodow lětstotki dołho mjenowachu. Serbja su mały słowjanski narod – ze swójskej rěču, swójskej

Zweisprachige Inschrift am Gemeindehaus in Göda

Dwurěčny napis na wosadnym domje w Hodźiju

SO SPRICHT DER HERR:
SUCHT MICH, SO WERDET IHR LEBEN.

◆

BOŽE SŁOWO WOSTANJE
DO WĚČNOSĆE.

Jako sćěh reformacije bu wjetšina serbskich wsow lutherska.

deutsche Bezeichnung für die slawischen Nachbarn war. Die Sorben sind ein kleines slawisches Volk – mit eigener Sprache, eigener Kultur und besonderen Bräuchen. Besonders während der Osterzeit wird darüber regelmäßig auch überregional berichtet: über sorbische Ostereier und über die Osterreiter mit ihren aufwändig geschmückten Pferden.

In der Zeit des Landesausbaus im 12. und 13. Jahrhundert wurden mehrere Städte gegründet, in denen vorwiegend Deutsche lebten. In der Umgebung der Städte blieben aber die sorbischen Dörfer bestehen. Auch die deutschen Siedler passten sich dort der slawischen Mehrheit an, so dass sich ein geschlossenes sorbisches Sprachgebiet herausbildete.

In der Reformationszeit begann man auch, die ersten sorbischsprachigen Druckwerke herauszugeben. Martin Luthers »Kleiner Katechismus« gehörte zu den ersten sorbischen Büchern. Später kamen Gesangbücher, sorbische Bibelübersetzungen und andere religiöse Literatur hinzu. Diese Übersetzungsarbeit führte zur Herausbildung von zwei unterschiedlichen sorbischen Schriftsprachen: dem Obersorbischen in der Oberlausitz und dem Niedersorbischen in der Niederlausitz. Die sorbische Sprache beheimatete sich in Kirche und Unterricht. Nicht überall wurden diese Tendenzen gefördert. Während in der Oberlausitz die Stände vielfach unterstützend wirkten und die Herausgabe sorbischer Literatur befürworteten, war man in der Niederlausitz zurückhaltender, insbesondere nach 1815, als die Niederlausitz und der Norden der Oberlausitz unter preußische Hoheit gekommen waren. Die preußischen Behörden hofften auf das allmähliche

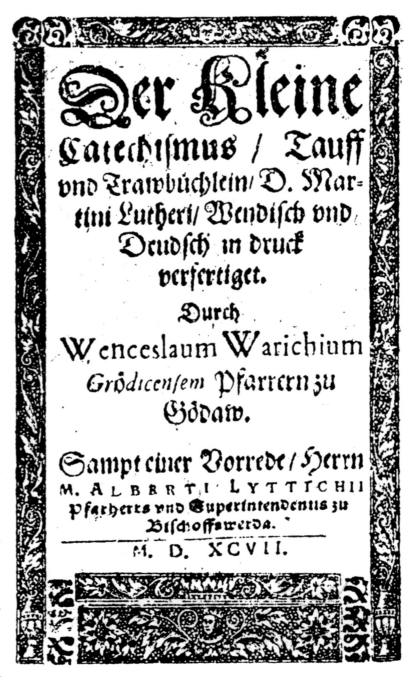

kulturu a wosebitymi nałožkami. Wosebje w jutrownym času so wo tym prawidłownje tež nadregionalnje rozprawja: wo jutrownych jejkach a křižerjach ze swojimi rjenje wupyšenymi konjemi.

Za čas kolonizacije w 12. a 13. lětstotku založichu so wjacore města, w kotrychž přewažnje Němcy bydlachu. We wokolinje městow pak serbske wjeski dale wobstejachu. Tež němscy sydlerjo so tam słowjanskej wjetšinje přiměrichu, tak zo so kompaktny serbski sydlenski teritorij wutwori.

W času reformacije so tež přnje serbske ćišće wudawachu. »Mały katechizm« Martina Luthera słušeše do prěnich serbskich knihow. Pozdźišo přidru-

Sorbische Ausgabe von Luthers »Kleinem Katechismus«, der ältestes Druck in sorbischer Sprache

Serbske wudaće Lutheroweho »Małehokatechizma«, najstarši ćišć w serbskej rěči

Grab des evangelischen Pfarrers Friedrich Heinrich Immisch in Göda, der den ehrenvollen Beinamen »Wendenpapst« erhielt

Row ewangelskeho fararja Jaroměra Hendricha Imiša w Hodźiju, komuž spožči so čestne přimjeno »serbski bamž«

Aussterben des Sorbischen, indem man Unterstützung verweigerte oder den Untergang durch das Verbot der sorbischen Sprache sogar beschleunigte.

Die Sachsen waren in dieser Hinsicht toleranter. Das betraf auch die Konfessionspolitik. Im Gefolge der Reformation waren die meisten sorbischen Dörfer lutherisch geworden. Allmählich entstand auch eine sorbischsprachige Gelehrtenschicht, gerade unter den evangelischen Geistlichen. Sie erwarb

Im Gefolge der Reformation waren die meisten sorbischen Dörfer lutherisch geworden.

sich unter anderem in der Herausgabe sorbischer Bücher große Verdienste. Es entstanden großartige Übersetzungen – bis hin zu Homers »Ilias« und der

žichu so spěwarske, serbske přełožki biblije a dalša nabožna literatura. Tute přełožowanske dźěło wjedźeše k wutworjenju dweju wšelakoreju spisowneju rěčow: hornjoserbšćiny w Hornjej Łužicy a delnjoserbšćiny w Delnjej Łužicy. Serbska rěč zadomi so w cyrkwi a kubłanju. Wšudźe pak so tute tendency njespěchowachu. Mjeztym zo so stawy w Hornjej Łužicy za wudawanje serbskeje literatury wuprajachu a je husto podpěrowachu, knježeše w Delnjej Łužicy wěsta zdźeržliwosć, wosebje po 1815, jako so Delnja Łužica a sewjerna Hornja Łužica Pruskej přirjadowaštej. Pruscy zastojnicy nadźijachu so, zo serbstwo poněčim woteměra. Zapowědźejo pomoc a zakazujo rěč zahinjenje samo pospěšachu.

Saksojo běchu w tutym nastupanju tolerantniši. Tak tež w konfesionalnej politice. Jako sćěh reformacije bu wjetšina serbskich wsow lutherska. Poněčim nasta tež serbskorěčna woršta wučenych, wosebje mjez ewangelskimi duchownymi. Tući zdobychu sej mjez druhim z wudawanjom serbskich knihow wulke zasłužby. Nastachu wulkotne přełožki – sahace hač k »Ilijadźe« a »Odyseji« Homera. Sławni serbscy basnicy a přełožerjo maja hač do dźensnišeho čestne mjeno w kulturnych stawiznach swojeho luda, mjez nimi załožer wědomostneho pčołarstwa Hadam Bohuchwał Šěrach (1724–1773), farar a publicist Handrij Zejler (1804–1872), filologa a nakładnik Jan Arnošt Smoler (1816–1884), katolski měšnik Jakub Bart-Ćišinski (1856–1909) abo serbski ewangelski »bamž« Jaroměr Hendrich Imiš (1819–1897).

Jako so Hornja Łužica 1635 Kursakskej přirjadowa, bu nowe krajne knježerstwo přez wosebity dodawk Praskeho měroweho zrěčenja (tak mjenowany »Traditionsrezess«) zawjazane, konfesionelne poměry we Łužicy njezměnić. Tak móžachu tež stare klóštry dale wobstać, a wosebje pod wliwom cistercienskow Marijineje hwězdy w Pančicach-Kukowje zachowa so w třiróžku mjez Budyšinom, Kamjencom a Kulowom kompaktny serbsko-katolski sydlenski teritorij. Přez tute njewšědne

»Odyssee«. Namhafte sorbische Dichter und Übersetzer fanden Ehrenplätze im kulturellen Gedächtnis ihres Volkes, unter ihnen der Begründer der wissenschaftlichen Bienenzucht Hadam Bohuchław Schĕrach (Adam Gottlob Schirach, 1724–1773), der Pfarrer und Publizist Handrij Zejler (Andreas Seiler, 1804–1872), der Philologe und Verleger Jan Arnošt Smoler (Johann Ernst Schmaler, 1816–1884), der katholische Priester Jakub Bart-Ćišinski (Jakob Barth, 1856–1909) oder der evangelische »Wendenpapst« Jaromĕr Hendrich Imiš (Friedrich Heinrich Immisch, 1819–1897).

Wie bei einem dreibeinigen Stuhl darf kein Bein abgeschlagen werden, weil sonst das Ganze zusammenbricht.

Als die Oberlausitz 1635 an Kursachsen kam, wurde die neue Landesherrschaft durch den sogenannten Traditionsrezess verpflichtet, die konfessionellen Verhältnisse der Lausitz nicht zu verändern. So konnten auch die alten Klöster bestehen bleiben, und insbesondere im Einflussbereich der Zisterzienserinnen von Marienstern in Panschwitz-Kuckau blieb im Dreieck von Bautzen, Kamenz und Wittichenau ein geschlossenes sorbisch-katholisches Siedlungsgebiet erhalten. Durch diese geschichtlich bedingte Fügung entstand in der sächsischen Oberlausitz gewissermaßen eine »Insel«. Mehrere Faktoren stabilisierten und stabilisieren diese sorbische Insel bis heute: die Sprache, die Kultur und der katholische Glaube. Für die katholischen Sorben ist der Zusammenhalt dieser drei Stützen konstitu-

stawizniske wobstejnosće nasta w sakskej Hornjej Łužicy móhłrjec »kupa«. Wjacore faktory tutu serbsku kupu stabilizowachu a ju hač do dźensnišeho stabilizuja: rĕč, kultura a katolska wĕra. Za katolskeho Serba je zhromadnosć tutych třoch stołpow konstitutiwna. Kaž pola trojaka njesmĕ so žana nóžka wotbić, dokelž so hewak wšitko sypnje.

Pohladaš-li tuž zwjeršnje, móže tež dźensa zaćišć nastać, zo su wšitcy Serbja katolscy, a zo tomu hižo přeco tak bĕše. Z tym pak bychu so wulke skutki małeho zapadosłowjanskeho naroda podhódnoćili. Daloko hač do 19. lĕtstotka eksistowaše wjele serbskorĕčnych wsow w skoro hišće kompaktnych sydlenskich kónčinach: w Delnjej Łužicy mjez Choćebuzom a Picnjom, w Błótach, wokoło Slepoho a južnje, wuchodnje a sewjernje Budyšina. Hinak hač pola katolskich Serbow, kotřiž z nabožnych přičin sami mjez sobu wostachu, bĕše za ewangelskich Serbow lóšo, swoju rĕč a kulturu spušćić. Nĕmski być a nĕmsce rĕćeć płaćeše mnohim jako moderne. Narodnje mĕšane mandźelstwa bĕchu móžne a polĕkowachu asimilaciji. Wulki dźĕl ewangelskich Serbow wzda so serbskeje rĕče.

Bĕše před 100 lĕtami najwjetši dźĕl Serbow ewangelski, da su dźensa ći pomĕrnje mało tysac Serbow, kotřiž so k swojej narodnosći wuznawaja, zwjetša katolscy a bydla we wosadnych wsach kaž w Chrósćicach, Ralbicach, Wotrowje, Njebjelčicach, Baćonju a Radworju, ale tež w Kulowje a Budyšinje.

Lutherdenkmal in Niedergurig mit sorbischer Beschriftung, 1883

Lutherowy pomnik w Delnjej Hórce ze serbskim napisom, 1883

Kaž pola trojaka njesmě so žana nóžka wotbić, dokelž so hewak wšitko sypnje.

tiv. Wie bei einem dreibeinigen Stuhl darf kein Bein abgeschlagen werden, weil sonst das Ganze zusammenbricht.

Dadurch kann bei einem oberflächlichen Blick heute auch der Eindruck entstehen, alle Sorben seien katholisch und das sei schon immer so gewesen. Dieses Urteil würde allerdings die großen Leistungen dieses kleinen westslawischen Volkes verkürzen. Bis weit ins 19. Jahrhundert gab es ein beinahe geschlossenes sorbischsprachiges Siedlungsgebiet mit evangelischer Bevölkerung: in der Niederlausitz zwischen Cottbus und Peitz, im Spreewald, um Schleife und südlich, östlich und nördlich von Bautzen. Anders als die katholischen Sorben, die auch aus konfessionellen Gründen unter sich blieben, war es für die evangelischen Sorben leichter, ihre Sprache und Kultur aufzugeben. Deutsch zu sein und deutsch zu sprechen, galt oftmals als modern. National gemischte Ehen waren möglich und beförderten den Prozess der Assimilierung. Ein Großteil der evangelischen Sorben gab die sorbische Sprache auf.

War vor 100 Jahren der größte Teil der Sorben evangelisch, so sind heute die vergleichsweise wenigen Tausend, die sich zur sorbischen Nation bekennen, mehrheitlich katholisch und wohnen in den sorbischen Kirchdörfern Crostwitz, Ralbitz, Ostro, Nebelschütz, Storcha und Radibor, aber auch in Wittichenau und Bautzen. In diesen Orten gibt es regelmäßig sorbischsprachige Gottesdienste, meistens sogar tägliche sorbische Messen. In der evangelischen Michaeliskirche in Bautzen und in wenigen anderen Kirchen, wie beispielsweise in Purschwitz oder Großpostwitz, werden in größeren Abständen sorbische evangelische Gottesdienste gefeiert.

Neben dem in den sorbischen katholischen Dörfern noch selbstverständlichen Gebrauch der sorbischen Sprache im Alltagsleben sind ab und zu –

Gedenkstein für Pfarrer Wenceslaus Warichius in Göda

Pomnik za fararja Wjacława Warichiusa w Hodźiju

W tutych wsach a městach su prawidłownje serbskorěčne bože słužby, husto samo wšědnje serbske kemše. W ewangelskej Michałskej cyrkwi w Budyšinje a w mało druhich cyrkwjach kaž na přikład w Poršicach abo Budestecach swjeća so we wjetšich wotstawkach serbske ewangelske kemše.

Nimo hišće samozrozumliweho wšědneho wužiwanja serbśćiny w serbsko-katolskich wsach widźiš hdys a hdys – wězo hižo rědšo – žony w něhdy zwučenej serbskej narodnej drasće: w katolskej wšědnej drasće abo tež w pisanej Slepjanskej drasće. Znata je tež krasna Błótowska drasta, kotraž jako atrakcija

freilich schon seltener – Trägerinnen der früher üblichen Trachten zu sehen: katholische Alltagstrachten oder aber die farbenfrohen Trachten um Schleife. Bekannt sind auch die aufwändigen Spreewaldtrachten, die als Attraktion Touristen herbeilocken und an die im Spreewald mittlerweile untergegangene sorbische Kultur erinnern. Heute gibt es von und für die Sorben mehrere sorbischsprachige Wochen- bzw. Monatszeitschriften, ein täglich erscheinendes Abendblatt, tägliche Rundfunksendungen und ein monatliches Fernsehmagazin. Wurde in den vergangenen Jahrhunderten das Sorbische oft als etwas gesehen, was ohnehin bald verschwinden würde, und auch manches zur Beförderung dieser Prognose beigetragen, so wird es heute oft als Schatz neu entdeckt. Er wertet nicht nur die Region auf. Mehrsprachigkeit erschließt Kompetenzen, und der kulturelle Reichtum ist ein guter Grund, darauf stolz und selbstbewusst zu sein. ●

turistow wabi a na serbsku kulturu, w Błótach mjeztym zašłu, dopomina. Dźensa maš wot Serbow za

Serbow wjacore serbskorěčne tydźenske resp. měsačne časopisy, wšědnje wuchadźacy wjećornik, wšědne rozhłosowe wusyłanja a měsačny telewizijny magacin. Hdyž so serbstwo w zańdźenych lětstotkach jako něšto wobhladowaše, štož by so tak a tak bórze pozhubiło, a so tež něštožkuli k zwoprawdźenju prognozy přinošowaše, tak so Serbstwo dźensa husto jako pokład znowa wotkrywa. Z nim njepowyši so jenož hódnota regiona. Mnohorěčnosć spřistupnja kompetency, a kulturne bohatstwo je z dobrej přičinu, na nje hordy a sebjewědomy być. ●

Wallfahrt am Pfingstmontag in Rosenthal 2013

Putnikowanje swatki póndźelu w Róžeńće 2013

► **DR. JENS BULISCH**
war bis 2011 Pfarrer der Evangelisch-Lutherischen Landeskirche Sachsens und ist seitdem Pastoraler Mitarbeiter des Bistums Dresden-Meißen.

Ein Haus für Gott errichten

Protestantischer Kirchenbau in der Oberlausitz

—

VON ANDREAS BEDNAREK UND LARS-ARNE DANNENBERG

Cunewalde,
evangelische Kirche

Martin Luther hatte jegliche Bilderstürmerei abgelehnt und keine Vorgaben für einen genuin evangelischen Kirchenbau gemacht. Die bestehenden Kirchen wurden zunächst weitergenutzt. So griff auch der erste protestantische Neubau – die Schlosskapelle auf Schloss Hartenfels in Torgau (1543/44, Nikolaus Gromann), die Luther noch selbst geweiht hat – grundsätzlich auf vorhandenes Formengut zurück, wenngleich hier erstmals die Einheitlichkeit des Raumes erkennbar ist. Weder Pfeiler noch Säulen verstellen den Blick. Die Bedeutung des Wortes im protestantischen Gottesdienst spiegelt die prominente Anordnung der Kanzel. In der Schlosskapelle der Wilhelmsburg in Schmalkalden (1585–1590) trat mit dem Kanzelaltar ein neues Element hinzu. Kanzelaltäre stehen für die Verbindung von Wort und Altarsakrament. Sie sind vielleicht der eigenständigste Beitrag des protestantischen Kirchenbaus.

Die Beachtung dieser Prinzipien ist auch immer wieder bei der Erweiterung und dem Umbau des Kirchenraumes in vielen lutherischen Stadtkirchen zu beobachten, wenngleich der mittelalterliche Bestand enge Grenzen setzte. Die grundsätzlichen Vorstellungen greifen die wenigen protestantischen Kirchen, die im 16. und 17. Jahrhundert errichtet wurden, auf. Es handelt sich um weit ausladende Dorfkirchen, wie die Pfarrkirche von Obercunnersdorf, 1660 errichtet, die sich als großer Saalbau mit einfacher Kassettendecke präsentiert. Im Norden der Oberlausitz, wo Holz als Baumaterial ausreichend zur Verfügung stand, entstanden Fachwerkkirchen, wie in Bluno (erbaut 1673) und Spreewitz (erbaut 1688). Während die Kirche in Bluno einen westlich an das Kirchenschiff angesetzten holzverschalten Glockenturm besitzt, wurde der Glockenturm in Spreewitz gleichfalls als Fachwerk ausgeführt.

Auch bei der um 1690 errichteten Kirche in Podrosche handelte es sich ursprünglich um einen Fachwerkbau, der nach einem Brand 1907/08 in Stein neu aufgeführt wurde. Die Kirche in Podrosche war eine der Grenzkirchen an der Grenze zu Schlesien, erbaut für die evangelischen Christen in den katholischen Fürstentümern Schlesiens. Die Grenz- und Zufluchtskirchen reihen sich wie an einer Perlenschnur an der Ostgrenze der Oberlausitz auf. Dazu gehören auch die großen, für eine Dorfkirche überdimensionierten Bauten in Friedersdorf am Queis (Biedrzychowice) oder in Gebhardsdorf (Giebułtów).

Architektonisch folgen sie dem Typus von Bertsdorf, der ersten gewölbten Wandpfeilerkirche in der Oberlausitz, dem sich auch die Kirchen von Hainewalde, Spitzkunnersdorf und Eibau zuordnen lassen. Höhepunkt dieser Entwicklung waren dann die

Die Aō. 1690. zum Besten der bedrængten Protestanten in Pribus von Curt Reinecke Graf von Callenberg, Landvvigt und Standes-Herrn von Muschau erbaute Grentzkirche zu Podrosch 11. Oct. 1787.

großen Kirchenbauten des 18. Jahrhunderts, wie jener in Niederoderwitz (1717–25) oder in Cunewalde (1780–1793). Die Kirche in Cunewalde gilt mit 2.632 Sitzplätzen als größte protestantische Kirche Deutschlands. Der Bau wurde durch Spenden der Weber finanziert. Vorherrschender Bautyp war die Saalkirche in schlichten Formen und klarer Raumstruktur. Längst hatte der sächsische Barock in der Oberlausitz, mit der 1635 der sächsische Kurfürst belehnt worden war, Einzug gehalten, vermittelt durch Baumeister wie den aus der Nähe von Pirna stammenden Andreas Hünigen (1712–1781), der mitunter spannende Gegensätze schuf, indem er nach dem Vorbild der Dresdener Kreuz- und der Annenkirche ovale Innenräume in rechteckige Grundrisse einfügte. Zwischen 1743 und 1745 entstand unter seiner Leitung die Pulsnitzer Stadtkirche und ab 1749 der Neubau in Kittlitz. Auch für den Wiederaufbau der 1757 zerstörten Zittauer Johanniskirche hatte er 1766 den Entwurf vorgelegt.

Auch kleinere Dorfkirchen, wie in Hochkirch (1717–1720) und in Kunnersdorf (1788–1791), ent-

standen im 18. Jahrhundert. Die Gruppe der barocken Saalkirchen mit Emporeneinbauten präsentiert sich außen eher schlicht und weist häufig nur eine einfache Lisenengliederung auf. Umso mehr ist man dann von dem gewaltigen Innenraum überrascht, wie in Ebersbach/Sa., wo ein Zentralraum mit einem Longitudinalbau verbunden wurde. Ein äußerst reizvoller Kirchenbau aus jener Zeit ist die um 1720 errichtete kleine Dorfkirche in Qybin. An den Hang angeschmiegt, weisen die Sitzreihen zu einem Kanzelaltar im unteren Teil der Kirche.

Dagegen hat die aus der böhmischen Reformation hervorgegangene und vom Pietismus geprägte Herrnhuter Brüdergemeine zeitgleich eine äußerst schlichte, ja nahezu asketisch anmutenden Ausdrucksform gefunden. Die Architektur des Betsaals in Herrnhut (1756) ist ein besonders schönes Beispiel. Über rechteckigem Grundriss erhebt sich ein mächtiger, ganz in Weiß gehaltener Saal, nur mit Bänken und einer Orgel ausgestattet.

Das frühe 19. Jahrhundert stellte auch den protestantischen Kirchenbau vor neue Aufgaben. Die

Grenzkirche in Podrosche, Zeichnung von Johann Gottfried Schultz, 1787

▲
Herrnhut, Kirchen-
saal, Innenansicht

▶
Zittau, Johanniskirche,
Innenraum

▶ **Seite 33**
Dittelsdorf,
evangelische Kirche

explosionsartig anwachsenden Einwohnerzahlen führten in den mittelalterlichen Kirchen zu Emporeneinbauten, wie in der Frauenkirche Görlitz, und mehreren sonntäglichen Gottesdiensten, um allen Gläubigen gleichermaßen gerecht zu werden. Einer solchen Entwicklung Rechnung tragend, beauftragte der preußische König Friedrich Wilhelm III. (1770–1840) seinen Architekten Karl Friedrich Schinkel (1781–1841), für die entstehenden Berliner Vorstädte preisgünstige und schmucklose Zweckbauten für die proletarische Bevölkerung zu entwerfen.

Die Oberlausitz war aufgrund der Beschlüsse des Wiener Kongresses 1815 inzwischen in einen sächsischen und einen preußischen Teil geteilt. Dennoch hat Schinkel auch Spuren in der sächsischen Oberlausitz hinterlassen. Von seiner Hand stammen die Umbaupläne für die Zittauer Johanniskirche. In den Jahren 1834–1837 entstand unter Leitung von Carl August Schramm (1807–1869) ein klassizistischer Kirchenraum, der im Wesentlichem den lutherischen Gedanken aufgriff. Schramm, Schüler von Schinkel, wurde vor allem als Architekt im sächsischen Teil der Oberlausitz tätig. So schuf er mit mächtigen, im Rundbogenstil gehaltenen Kirchenbauten in Leutersdorf (1865) und Dittelsdorf (1848–1850) ausreichend Platz für die Gläubigen in den rasch wachsenden Weberdörfern. Die Dorfkirche in Sohland am Rotstein, 1841–1844 erbaut, präsentiert sich dagegen als Frühwerk noch in feinen klassizistischen Formen. Schramm hatte

bedeutenden Einfluss auf die nachfolgende Baumeistergeneration, leitete er doch viele Jahre die Baugewerkeschule in Zittau und scharte so eine große Schülerzahl um sich. So knüpfte mit dem Bau der Nikolaikirche in Leuba (1854–1856) sein Schüler Hentschel an die Ideen Schramms an und entwickelt sie fort.

Das Bemühen um ein protestantisches Kirchenbauprogramm trat im 19. Jahrhundert immer deutlicher hervor. Das sogenannte Dresdner Regulativ aus dem Jahre 1856 orientierte deutlich auf traditionelle Werte und lehnte sogar den Kanzelaltar ab. Reichlich vier Jahre später wurde unter Beteiligung namhafter Architekten, wie u. a. Friedrich August Stüler (1800–1865) und Conrad Wilhelm Hase (1818–1902) das Eisenacher Regulativ verabschiedet. 16 Artikel sollten fortan den protestantischen Kirchenbau reformieren. Zu den Forderungen des Eisenacher Regulativs zählten u. a. die Ostung und der kreuzförmige Grundriss mit ausgeprägtem Langhaus. Auch sollte die Gestalt der Gotteshäuser dem romanischen oder gotischen Vorbild folgen. Freilich wurden diese Vorgaben in der Oberlausitz nicht konsequent befolgt. Der Zittauer Baugewerkeschuldirektor Hermann Knothe-Seek (1831–1911) hatte zwar kurz vor der Jahrhundertwende in Ostritz und in Storcha Kirchen in gotischen Formen errichtet, jedoch fehlt den Bauten der im Regulativ geforderte kreuzförmige Grundriss.

Dreißig Jahre später gab Pfarrer Emil Veesenmeyer (1857–1944) mit seinem Wiesbadener Pro-

Storcha, katholische
Herz-Jesu-Kirche

gramm der Suche nach einem protestantischen Kirchenbauprogramm eine neue Orientierung. Veesenmeyer folgte in seinen Überlegungen dem lutherschen Gedanken des Einheitsraums, der weder Chor noch Schiff besitzen sowie Predigt, Abendmahl und Musik zusammenführen sollte. Der Berliner Architekt Johannes Otzen (1839–1911) setzte 1892 mit dem Bau der Wiesbadener Ringkirche erstmals diese Ideen um. Sein Schüler Arno Eugen Fritsche (1858–1939) schuf die Pläne für die Görlitzer Lutherkirche, die von 1898 bis 1900 als neuromanischer Zentralbau errichtet wurde und die wie die Kaiser-Wilhelm-Gedächtniskirche in Berlin das Vorbild der rheinischen Kaiserdome nicht verleugnen kann. Auch die Pläne für die Kirche in Görlitz-Moys (1905–1907) stammen von seiner Hand. Fritsche wurde unweit von Görlitz, in Melaune, geboren und gilt als einer der bedeutendsten protestantischer Kirchenbaumeister Deutschlands seiner Zeit.

Erst der im Jahre 1906 in Dresden abgehaltene 2. Kirchenbaukongress machte den Weg frei zu einer größeren Freizügigkeit in der protestanti-

schen Kirchenarchitektur. Rudolf Bitzan (1872–1938), zuvor im bekannten Architekturbüro Lossow & Kühne beschäftigt, entwarf für die Görlitzer Südstadt die Kreuzkirche, die neben dem Einheitsraum auch ein einheitliches Bauensemble mit Kirche, Gemeindezentrum und Pfarrhaus gestaltete. Mit Bitzans Entwurf verließ der protestantische Kirchenbau die in den Programmen von 1861 und 1890 geforderte mittelalterliche Formensprache. Nur wenige Jahre später konnte er mit der Christuskirche in Görlitz-Rauschwalde die nun gewonnene gestalterische Freizügigkeit ausleben. Ihr Schöpfer war der wohl bekannteste protestantische Kirchenbaumeister des 20. Jahrhunderts, Otto Bartning (1883–1959). Sein Kirchenraum besticht durch klare, fast asketisch anmutende Schlichtheit – ganz im Sinne Martin Luthers. Bereits 1911 hatte Bartning im nahe an der Grenze zur Oberlausitz, aber schon in Böhmen gelegenen Neustadt an der Tafelfichte (Nové Město pod Smrkem/Tschechien) die »Lutherburg« geschaffen. Eine Anspielung auf Luthers Kirchenlied »Eine feste Burg ist unser Gott«. Der funktionale Gebäudekomplex aus Kirche, Gemeindesaal

und Pfarrhaus erinnert in seiner Geschlossenheit tatsächlich an eine Burg. Diese kompakte Trias hat Bartning nirgends wiederholt, sondern er sollte sich nach dem Zweiten Weltkrieg durch ein umfangreiches Notkirchenprogramm hervortun. In der Oberlausitz sind 1951 nach seinen Plänen das Lutherhaus in Hoyerswerda und die Gustav-Adolf-Kirche in Lodenau entstanden. Mit der Johann-Sebastian-Bach-Kirche in Forst (1950) hat sich ein weiterer Vertreter des Bartning-Programms in der benachbarten Niederlausitz erhalten. Andere Architekten folgten seinem Beispiel. So schuf der Görlitzer Albert Mayer 1954 für die nahe der brandenburgischen Grenze gelegene Bergbausiedlung Heide eine kleine Kapelle. Heute ist sie als sakraler Raum aufgegeben, besteht aber ohne große Veränderung als Wohnhaus fort. Auch Tettau erhielt 1954 eine kleine Kapelle in Holzbauweise, die 1994 durch einen Massivbau ersetzt wurde.

Grundsätzlich aber kam der protestantische Kirchenbau nach dem Zweiten Weltkrieg weitgehend zum Erliegen, sieht man von Umbauten und Wiederaufbauten einmal ab. Ein Beispiel ist das aus der 1902/03 errichteten Friedhofskapelle hervorgegangene Martin-Luther-King-Haus für die 1966 gegründete evangelische Kirchengemeinde im Neubaugebiet von Hoyerswerda. Architekten waren Uwe und Marion Hempel aus Dresden.

Noch einmal zog ein Kirchenbau große Aufmerksamkeit auf sich, als die Dorfkirche von Deutsch-Ossig dem Bergbau weichen musste, in den 1990er Jahren mittels eines aufwändigen Verfahrens umgesetzt wurde und ihren neuen Standort im Neubaugebiet Görlitz-Königshufen erhielt. Dabei konnte auch das wertvolle Rokokoinventar, so u. a. Kanzelaltar, Beichtstuhl, Taufengel aus der Werkstatt des Bildhauers Caspar Gottlob von Rodewitz (1679–1721), gerettet und in den Neubau umgesetzt werden. ●

► **DR. ANDREAS BEDNAREK**
ist Inhaber des Planungsateliers Architektur und Denkmalpflege. Er promovierte zu einer architekturgeschichtlichen Arbeit zu den schlesischen Gerichtsbauten und veröffentlichte zahlreiche Beiträge vor allem zur Architekturgeschichte und zum Städtebau des 19. Jahrhunderts.

Die Reformation zeigen

Zeichenhafte Ausstattungsstücke in Oberlausitzer Kirchen

—

VON KAI WENZEL

▶
Bautzen, Dom St. Petri, Kreuzigungsrelief des lutherischen Abendmahlsaltars, 1644

▼
Bautzen, Dom St. Petri, Retabel des lutherischen Abendmahlsaltars, 1644

In der Oberlausitz hielt die Reformation seit den 1520er Jahren Einzug. Doch dauerte es mehrere Jahrzehnte, bevor sich das neue Glaubensverständnis im gesamten Land verbreitet hatte. Einige Patronatsherren und Gemeinden, die sich zu den Ideen Martin Luthers bekannten, unterstrichen dies durch neue Altäre, Kanzeln oder Taufsteine für ihre Gotteshäuser. Die daran angebrachten Bilder sollten den Gläubigen nicht nur eindringlich die neuen theologischen Konzepte vor Augen führen, sondern ganz allgemein die Hinwendung zur Reformation anzeigen. Wegen ihrer besonderen Suggestionskraft wurde gerade den Bildern die Fähigkeit zuerkannt, eine solche Wirkung entfalten zu können.

Eine besondere Konstellation für den Reformationsverlauf ergab sich in Bautzen, dem politischen und kirchlichen Mittelpunkt des Landes. Die dortige St. Petrikirche fungierte seit dem ersten Viertel des 13. Jahrhunderts sowohl als Kollegiatstiftskirche als auch als Pfarrkirche für die Bautzener Stadtgemeinde. Nachdem in den 1520er Jahren die Reformation in der Stadt Fuß gefasst hatte, wuchsen die Spannungen zwischen der Bürgerschaft, die unter dem Schutz des Rates den Neuerungen offen gegenüberstand, und dem Kollegiatstift, dessen Kanoniker überwiegend am althergebrachten Glauben festhielten. Bis heute lässt sich diese Situation im Innenraum von St. Petri ablesen, der seit den 1540er Jahren von beiden Konfessionen simultan genutzt wird und durch ein Gitter geteilt ist. Von der lutherischen Gemeinde während der Reformation vorgenommene Veränderungen am Interieur des Gotteshauses führten immer wieder zu Auseinandersetzungen mit dem katholischen Kollegiatkapitel. Als die Protestanten im Jahr 1596 auf dem Altar, an dem sie ihre Abendmahlsgottesdienste feierten, ein neues Retabel aufstellen wollten, stimmte der Dekan des Kollegiatstifts nur unter der Bedingung zu, dass

> **Patronatsherren und Gemeinden, die sich zu den Ideen Martin Luthers bekannten, unterstrichen dies durch neue Altäre, Kanzeln oder Taufsteine für ihre Gotteshäuser.**

die vorreformatorische Altarausstattung erhalten erhalten bleibt. Beide Parteien einigten sich auf einen Kompromiss, so dass die Gemeinde den Altar schließlich nach ihren eigenen Vorstellungen umgestalten konnte. Das erste lutherische Retabel in der Spreestadt, das der Maler Johann Kreuter, ein Schüler Lucas Cranachs des Jüngeren, geschaffen hatte, ging beim großen Stadtbrand von 1634 verloren. An seiner Stelle steht bis heute ein Altaraufsatz, den 1644 ein Zittauer Bildhauer schuf.

In aufwändigen Schnitzreliefs schildert er zentrale Szenen aus der Passion Christi, die auf den

Ausstattungsstücke in Oberlausitzer Kirchen erinnern an den Jahrhunderte zurückliegenden Fundamental- vorgang der Reformation, der die Oberlausitz nachhaltig veränderte.

Solus-Christus-Grundsatz der Reformation verweisen, dass Jesus allein der Mittler des göttlichen Heils sei und die Hoffnung auf Erlösung nur aus seinem Kreuzestod erwachse.

Noch ein zweites Ausstattungsstück erinnert in Bautzen an die konfliktreiche Reformationszeit: Siebzig Jahre nachdem sich die Stadtgemeinde zum lutherischen Glaubensverständnis bekannt hatte, durften Kinder protestantischer Eltern immer noch nur von katholischen Geistlichen getauft werden. Der Bautzener Rat wollte diesen Zustand beenden und gab beim Pirnaer Bildhauer Michael Schwencke einen eigenen Taufstein in Auftrag, der im lutherischen Teil von St. Petri aufgestellt wurde.

Das katholische Kollegiatstift protestierte jedoch gegen die Aneignung des Pfarrrechts der Taufe und wandte sich an den deutschen Kaiser und böhmischen König Rudolf II. (1552–1612). Er vermittelte einen Kompromiss, der vorsah, dass die lutherische Gemeinde sich verpflichtete, ihren Taufstein in eine andere Kirche zu versetzen. Stattdessen durfte sie in St. Petri nur ein mobiles Taufbecken benutzen, das immer wieder weggeräumt werden musste. Das erstrittene Recht, eigene Taufen nach lutherischem Ritus durchzuführen, beließ der Monarch jedoch der Gemeinde. Aus dem Petridom gelangte der Taufstein in die Michaeliskirche, wo er bis heute genutzt wird.

Auch in Kamenz bekannte sich die Stadtgemeinde unter der Obhut des Rates seit den ausgehenden 1520er Jahren zur lutherischen Reformation. Doch auch wie in Bautzen gab es hier mehrjährige Auseinandersetzungen um das Kirchenregiment, das seit dem 13. Jahrhundert in den Händen der Äbtissinnen des benachbarten Zisterzienserinnenklosters St. Marienstern lag. Erst 1561 verzichtete die Äbtissin Christina von

Baudissin auf ihre traditionellen Rechte, womit dem Kamenzer Rat der Weg für ein selbstorganisiertes protestantisches Kirchenwesen offenstand. Als Zeichen für diese neugewonnene Bekenntnisfreiheit gab er noch im selben Jahr eine neue Kanzel für die städtische Hauptkirche St. Marien in Auftrag.

Sie konnte am Pfingstsonntag 1562 mit einer ersten Predigt geweiht werden. Ihre Symbolik wird durch das bis 1566 vom Kamenzer Maler Andreas Dreßler geschaffene Bildprogramm an Kanzelkorb und -aufgang verdeutlicht, das sie zu einem dauerhaft an die Durchsetzung der Reformation in Kamenz erinnernden Monument werden lässt. Die einzelnen Gemälde zeigen Darstellungen aus dem Alten und Neuen Testament, die sich als typologische Paare jeweils aufeinander beziehen und mit

Bautzen, Michaeliskirche, Taufstein der lutherischen Stadtgemeinde

lateinischen Inschriften kommentiert werden. Aus diesem Zusammenspiel entwickelt sich eine Dreiheit von alttestamentlichem Typus, neutestamentlichem Antitypus und göttlichem Wahrheitszeugnis. Wie beim Bautzener Retabel bildet das grundlegende heilsgeschichtliche Thema des Luthertums, die aus dem Opfertod Christi erwachsende Erlösungshoffnung, das Zentrum. Sie findet ihren Ausdruck in einem skulpturalen Brustbild des dornengekrönten Christus an der Vorderseite des Kanzelkorbs.

Nicht nur die Stadtregierungen, sondern auch zahlreiche adlige Grundherren in der ländlichen Oberlausitz bekannten sich im Verlauf des 16. Jahrhunderts zur Reformation. Oftmals hatten sie die Patronatsherrschaft über die lokalen Pfarrkirchen inne, an denen sie das Kirchenregiment nach ihren Vorstellungen umgestalteten. Auch sie brachten ihre veränderten Glaubensansichten durch neue, bekenntnishafte Ausstattungsstücke zum Ausdruck.

So stiftete Caspar von Nostitz der Ältere für die unter seinem Patronat stehende Pfarrkirche von Klitten 1587 ein neues Altarretabel. Auf den Außenseiten der beiden Flügel schildern Gemälde die Verkündigung an Maria, während auf den Innenseiten die Szenen der Geburt und der Auferstehung Christi verbunden mit den Bildnissen des Stifters und seiner Gemahlin wiedergegeben sind. Im zentralen Gemälde wird das Bekenntnis zur lutherischen Theologie in einer eigenwilligen Darstellung des letzten Abendmahls formuliert: Auf Marmorbänken haben sich Christus und seine Jünger um einen runden Tisch versammelt; direkt zu Seiten des Heilands sitzen aber auch Martin Luther und Philipp Melanchthon. Ihr Reformationsbestreben, das Caspar von Nostitz offen unterstützte, erhält durch die erzählerische Verknüpfung mit der neutestamentarischen Überlieferung von der Einsetzung der Eucharistie zusätzliche Legitimation. Im Kreis der Apostel erscheinen die beiden als wahre Nachfolger Christi. Diese Kompositionsidee ist angeregt von einem Hauptwerk der lutherischen Bildkünste, dem 1547 von Lucas Cranach dem Älteren geschaffenen Retabel für die Stadtpfarrkirche St. Marien in Wittenberg. Die Stilistik des Klittener Gemäldes lässt

auch den Schluss zu, dass der namentlich nicht bekannte Maler in der Wittenberger Cranachwerkstatt ausgebildet worden sein könnte.

Noch ein weiterer Vertreter der weitverzweigten Familie von Nostitz gehörte zu den Förderern der lutherischen Reformation in der Oberlausitz: Abraham von Nostitz, Grundherr auf Tzschocha (Czocha) und den umliegenden Herrschaften. Für die unter seinem Patronat stehende Pfarrkirche von Rengersdorf (Stankowice) stiftete er 1572 ein neues Altarretabel, dessen Gemälde ein Bekenntnis zur lutherischen Theologie und liturgischen Praxis formuliert und sich heute im Kulturhistorischen Museum Görlitz befindet.

Seine Bilderzählung ist in einem imaginären Kirchenraum verortet, dessen aufwändige Renaissancearchitektur die komplexe Komposition zu

Kamenz, St. Marien, Kanzel, 1562–1566

Ja phefi de gente prior, maior Ꝗ LVTHERO
Nemo fuit, sed nec credo futurus erit.

▶

Ullersdorf, Pfarr-
kirche, Bildnis
Martin Luthers an der
Kanzeltür, 1630

▼

Rengersdorf
(Stankowice), Pfarr-
kirche, Gemälde des
Epitaphaltars des
Abraham von Nostitz,
1572, heute Kultur-
historisches Museum
Görlitz

in der Durchblicke durch eine Arkade das Geschehen des letzten Abendmahls, des Gebets Christi im
Garten Gethsemane sowie der Auferstehung Christi sichtbar werden lassen. Die biblische Erzählung
erscheint dabei als ein der liturgischen Handlung
am Altar übergeordnetes, jedoch auf gleicher Reali-
tätsebene wie der Gottesdienst stattfindendes Ereignis. Es verdeutlicht nicht nur das Nacherleben
des Abendmahls, sondern die Realpräsenz Christi
in der Eucharistie. Dieses Bekenntnis zu Grundsät-
zen der lutherischen Theologie verband Abraham
von Nostitz auf einer vierten Bedeutungsebene
auch mit der Erinnerung an sich und seine Angehörigen, die im unteren Teil der Tafel wiedergegeben
sind.

Das Konzept des Rengersdorfer Gemäldes wiederholt in vereinfachter Form ein Altarbild, das sich
in der Pfarrkirche von Burkersdorf bei Zittau befindet. Der Zittauer Rat hatte 1570 die Patronatsrechte
über dieses Gotteshaus erworben und hier die Reformation endgültig durchgesetzt. Seit Beginn des
17. Jahrhunderts kam es jedoch zu wachsenden Auseinandersetzungen mit den zur Gemeinde gehören-
den adligen Grundherren. Vor allem Caspar von
Gersdorff auf Burkersdorf versuchte, stärkeren Einfluss auf das Kirchenregiment zu neh-
men, und geriet darüber mit dem
Zittauer Rat in Streit. Ausdruck
dieser Differenzen ist der
Altaraufsatz, den Gersdorff
1605 zur Erinnerung an sich
und seine Familie stiftete.
Das Gemälde zeigt die Dar-
reichung des Abendmahls
nach lutherischem Ritus,
wobei die Komposition wie
beim Rengersdorfer Bild in
mehrere Ebenen gestaffelt
ist: Während in der oberen
Bildhälfte das letzte Abendmahl dargestellt wird, flan-
kiert vom Gebet Jesu am
Ölberg sowie seiner Gefan-
gennahme, zeigt der un-
tere Bildteil einen Abend-

einem stimmigen Ganzen verbindet. An zentraler
Stelle und eine erste Inhaltsebene bildend, werden
ein Pfarrer in einer aufwändig verzierten Kasel und
ein Diakon in einem schlichteren Ornat gezeigt, die
das Abendmahl nach lutherischem Ritus an die von
beiden Seiten herantretende Gemeinde reichen. Als
zweite inhaltliche Ebene erscheinen mehrere
Kunstwerke im Bild, die auf den Kern des lutherischen Sakramentsverständnisses verweisen: So schmückt den im Gemälde dargestellten Altar ein Retabel,
dessen figürliches Programm
die Dreifaltigkeit zeigt, flan-
kiert von den Figuren der
trauernden Muttergottes
und des Evangelisten
Johannes sowie den Ein-
setzungsworten Christi in
lateinischer Sprache. Im
Hintergrund ist in einer
Wandnische eine Bewei-
nungsgruppe aufgestellt
als Verweis auf den Tod
Christi und den Glauben
an seine Wiederaufer-
stehung. Oberhalb öffnet
sich der Raum in einer
dritten Bedeutungsebene,

mahlsgottesdienst in einem imaginären Kirchenraum. Von beiden Seiten treten Caspar von Gersdorff und seine Angehörigen an den Altar heran, um das Sakrament der Eucharistie zu empfangen. Das im Bild sichtbare Retabel verweist mit einer Darstellung der Taufe Christi im Jordan zusätzlich auf die Taufe als ein weiteres zentrales Sakrament des lutherischen Bekenntnisses.

Elias von Nostitz, ein dritter Angehöriger dieses bedeutenden Geschlechts, ließ die Pfarrkirche von Ullerdorf in den Jahren 1629/30 neu errichten. Als Landesältester des Görlitzischen Kreises gehörte er zu den einflussreichen Politikern des Markgraftums und wurde als Vertreter der Landstände 1621 an den Hof des sächsischen Kurfürsten Johann Georg I. gesandt, um dort an den Verhandlungen zum Dresdener Akkord teilzunehmen, in dem der Kurfürst den schlesischen Protestanten den Schutz ihres Glaubens gegenüber dem Kaiser verspricht. Durch den Ausbau seines Stammsitzes verlieh Elias von Nostitz seiner politischen Stellung Ausdruck, wobei die Unversehrtheit des Gotteshauses einen wesentlichen Teil des Bauprogramms bildete. In der Ullersdorfer Kirche ist die ursprüngliche Ausstattung bis heute umfassend erhalten. Zu ihr gehören Emporen, deren Brüstungen der Görlitzer Maler Johann Culmann mit Darstellungen aus dem Alten und Neuen Testament gestaltete. Den Mittelpunkt des Interieurs bildet ein Altarretabel, das in zeittypischen Formen mit Szenen aus der Passion Christi verziert ist und ebenfalls von Culmann sowie dem Görlitzer Tischler Balthasar Hoffmann geschaffen wurde.

Auf beide geht auch die Kanzel zurück, an der mehrere Tafelbilder angebracht sind. Sie zeigen vier Propheten des Alten Testaments, die vier Evangelisten des Neuen Testaments sowie an der Kanzeltür ein Ganzfigurenporträt Martin Luthers nach einer Druckgrafik Lucas Cranachs des Älteren. Es wird begleitet von dem auf Reformatorenbildnissen der Cranachschule im 16. und frühen 17. Jahrhundert vorkommenden Spruch »Japheti de gente prior, maiore LUTHERO/Nemo fuit, sed nec credo futurus erit.« (Aus dem Geschlecht Japhets war niemand größer als LUTHER und wird es auch in Zukunft nicht sein.) Zusammen mit den bereits erwähnten

Kunstwerken in anderen Kirchen erinnert es an den viele Jahrhunderte zurückliegenden Fundamentalvorgang der Reformation, der die Oberlausitz nachhaltig veränderte. •

Burkersdorf, Pfarrkirche, Gemälde des Altarretabels, 1605

▶ **KAI WENZEL**
ist Kurator des kunst- und wissenschaftsgeschichtlichen Bestandes der Görlitzer Sammlungen und veröffentlichte zahlreiche Publikationen zur Kunst- und Kulturgeschichte Böhmens und der Oberlausitz.

▶ **WEITERFÜHRENDE LITERATUR**
Kai Wenzel, Spuren der Veränderung. Die Interieurs der Oberlausitzer Stadtkirchen im Zeitalter der Reformation, in: Ulrike Siewert (Hg.), Die Stadtpfarrkirchen Sachsens im Mittelalter und in der Frühen Neuzeit, Dresden 2013 (Bausteine aus dem Institut für Sächsische Geschichte und Volkskunde 27), S. 179–208

Kai Wenzel, Ausstattungsstücke des 17. Jahrhunderts in Oberlausitzer Kirchen. Eine Übersicht, in: Uwe Koch/Kai Wenzel (Hg.), Unsterblicher Ruhm. Das Epitaph des Gregorius Mättig und die Kunst des 17. Jahrhunderts in der Oberlausitz, Zittau/Görlitz 2013 (Memoria Maettigiana. Studien zur Kunst- und Kulturgeschichte der Oberlausitz 1), S. 129–172

Kai Wenzel/Marius Winzeler, Kunst und Architektur in der Oberlausitz 1526–1635, in: Joachim Bahlcke/Volker Dudeck (Hg.), Welt – Macht – Geist. Das Haus Habsburg und die Oberlausitz, Zittau/Görlitz 2002, S. 129–152

STÄDTE UND STÄTTEN DER REFORMATION

Die Reformation ist ein Prozess, der sich durch die Jahrhunderte zieht. Fußend auf einer religiösen Überzeugung, erfasste er alle Bereiche gesellschaftlichen Lebens und hat in den Städten und Orten der Oberlausitz vielfältige Spuren hinterlassen.

Von katholischer Verhandlungskunst zu den Ideen der Aufklärung

Die Einführung der Reformation in Kamenz

VON SYLKE KAUFMANN

Klosterkirche und Sakralmuseum St. Annen. Blick von Süden auf die Kirche und den im Jahr 2011 zusammen mit dem Sakralmuseum eröffneten Anbau

◀ Seite 42/43
Karte des Markgraftums Oberlausitz nach einer Vorlage von Bartholomäus Scultetus von 1645

Mit der Unterzeichnung der sogenannten Abtretungsurkunde durch Johann Leisentrit (1527–1586), den höchsten katholischen Geistlichen der Oberlausitz, am 9. August 1565 erkannte die katholische Seite ganz offiziell den Übergang der Stadt Kamenz zur evangelischen Konfession an. Vorangegangen waren Jahrzehnte eines zähen Ringens um die Durchsetzung des neuen Glaubens. Dies hatte sich in Kamenz auch deshalb als schwierig erwiesen, weil für die Stadt mit dem benachbarten Zisterzienserinnenkloster St. Marienstern ein einflussreicher Patronatsherr verantwortlich war, der sich der Reformation nicht beugte und verständlicherweise auch keinerlei Interesse daran hatte, dass das bedeutendste Gemeinwesen in seinem Einflussbereich zur evangelischen Konfession über-

ging. So kristallisiert sich letztlich schon in der Geschichte von Kamenz und seinem direkten Umfeld der Oberlausitzer Sonderweg im Zeitalter der Reformation heraus. Die vergleichsweise friedliche Koexistenz benachbarter katholischer und evangelischer Landesteile war im Heiligen Römischen Reich deutscher Nation so ungewöhnlich, wie sie andererseits die Haltungen und Entscheidungen in der Oberlausitz und damit auch der Kamenzer Stadtoberen immer wieder in ganz spezifischer Weise prägte.

In den Jahrzehnten vor dem Ausbruch der Reformation hatte sich die katholische Kirche in Kamenz noch einen neuen Stützpunkt geschaffen. Ende des 15. Jahrhunderts setzte der Landesherr, der böhmische König Wladislaw II. Jagiello, in Kamenz die Gründung eines Franziskanerobservantenklosters durch. Bis dahin hatten sich die Franziskaner hier im Gegensatz zu allen anderen größeren Städten der Oberlausitz nicht etablieren können. Der König musste denn auch den Widerstand sowohl der Stadt selbst als auch des Meißner Bischofs und des Klosters St. Marienstern als Patronatsherr brechen. Offensichtlich befürchtete man eine Zersplitterung der zugunsten kirchlicher Einrichtungen eingehenden Gelder. Nachdem das Kloster jedoch 1493 gegründet und die der heiligen Anna geweihte Kirche des Konvents 1512 fertiggestellt war, sollte es den Mönchen sehr schnell gelingen, sich in der Stadt Ansehen zu verschaffen, denn ihre karitative und gelehrte Tätigkeit erwies sich umgehend als Gewinn für das Gemeinwesen. Allerdings machten die weltpolitischen Ereignisse, die von Wittenberg ihren Anfang nahmen, die Erfolge der Franziskanerobservanten in Kamenz schon ein halbes Jahrhundert später wieder zunichte.

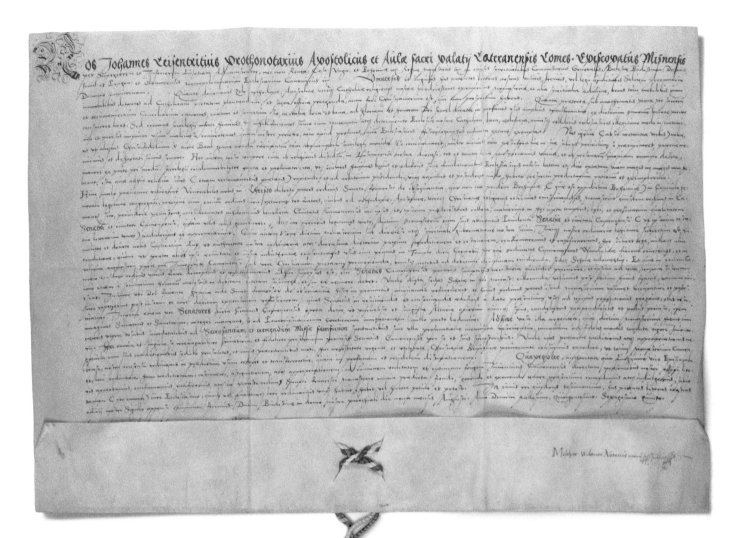

Nur fünf Jahre nach der Vollendung der Klosterkirche St. Annen löste der Thesenanschlag Martin Luthers die Reformation aus, die in Kamenz wie in allen großen Städten der Oberlausitz schnell an Boden gewann. 1527 wurde in Kamenz die erste evangelische Predigt gehalten. Die Ideen Luthers übten auf die Stadtbevölkerung, aber auch auf einen großen Teil der städtischen Geistlichen eine brisante Anziehungskraft aus. Im Ringen zwischen katholischen und evangelischen Kräften, zwischen bald mehrheitlich protestantisch gesinntem Rat auf der einen und altgläubigem Bürgermeister, Pastor Primarius und Kloster St. Marienstern auf der anderen Seite wurde die Unterstützung der Klosterkirche zu einem demonstrativen Bekenntnis zur katholischen Kirche. So ließen sich der Bürgermeister Andreas Günther (1502–1570) und sein Vater, der Pastor Primarius Gregorius Günther, in der Klosterkirche bestatten.

An Andreas Günther erinnert in Kamenz übrigens bis heute der von ihm gestiftete und 1570 errichtete Andreasbrunnen auf dem Marktplatz. Der für lange Zeit letzte katholische Bürgermeister der Stadt hatte sich große Verdienste um das städtische Gemeinwohl erworben und insbesondere durch sein Verhandlungsgeschick die Auswirkungen des Oberlausitzer Pönfalls, bei dem die Sechsstädte all ihre Privilegien und Freiheiten verloren, schließlich erheblich abmildern können.

In einer Zeit des tiefgreifenden Umbruchs und gesellschaftlicher Unsicherheit gerieten althergebrachte Verfahrensweisen und Überzeugungen auf den Prüfstand, musste aber auch erst – oft genug tastend und irrend – eine neue Ordnung etabliert werden. Mit diesen Verunsicherungen hatten alle beteiligten Seiten, ob altgläubig oder sich zu der allmählich sich herausbildenden neuen Konfession bekennend, zu kämpfen. So zeigt das Verhalten des Klosters St. Marienstern, dass man sich auch hier höchst unsicher war, wie man der neuen Sachlage zu begegnen hatte. Das Kloster war nicht geneigt, sich der Reformation zu unterwerfen, und hielt über die Jahrhunderte bis heute erfolgreich am katholischen Glauben fest. Es gedachte aber auch nicht,

Johann Leisentrit bestätigt den Beschluss des Kapitels der Franziskaner-observanten, das Kamenzer Kloster der Stadt zu überlassen, Bautzen, 1565

Klosterkirche und
Sakralmuseum
St. Annen Kamenz.
Blick nach Osten
auf die fünf spät-
gotischen Schnitz-
altäre in Langhaus
und im Chor

die Stadt Kamenz so ohne Weiteres an die evangelische Seite zu verlieren und seine angestammten Patronatsrechte aufzugeben. Dementsprechend versuchte das Kloster, trotz sich rasant wandelnder Gegebenheiten in Kamenz seine geistliche Oberhoheit weiter geltend zu machen. Dies führte einige Jahrzehnte zu verwirrenden Zwischenlösungen. Das Kloster bestätigte als Patronatsherr die Einsetzung eines evangelischen Geistlichen, sobald dieser aber heiratete, verlor er seine Stelle, weil dies dem Kloster inakzeptabel erschien, auch wenn es im Hinblick auf evangelische Predigten bereits gezwungen war, Konzessionen zu machen.

Letztlich konnten der Patronatsherr und die oben genannten prominenten, einflussreichen Anhänger der katholischen Konfession die Einfüh-

rung der Reformation in Kamenz lediglich verzögern, aber nicht mehr verhindern. So hatte sich in den 1560er Jahren die Reformation in der Stadt weitgehend durchgesetzt. Das Franziskanerkloster war nun akut gefährdet. Dies zeigte sich schon allein an der immer weiter abnehmenden Zahl der Mönche – das Kloster war durch die allgemeine Entwicklung zunehmend in die Defensive geraten. Es wurde zum Sinnbild der konfessionellen Auseinandersetzung und schließlich zum Exempel einer erfolgreichen, auch auf dem Verhandlungswege errungenen Reformation. Gleichzeitig erscheint der Umgang der Konfessionen mit St. Annen in gewisser Weise aber auch symptomatisch für den außergewöhnlichen Oberlausitzer Weg in die Bikonfessionalität.

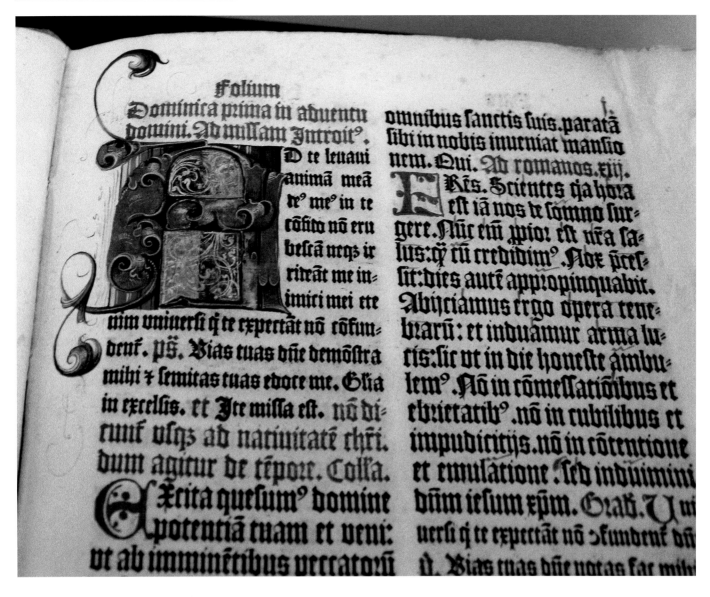

Missale aus dem Besitz des letzten Meißner Bischofs, gedruckt 1495

Nachdem sich überdeutlich abgezeichnet hatte, dass die Kirche für die Franziskanerobservanten und die katholische Konfession nicht zu halten und der Orden außerstande war, neue Mönche nach Kamenz zu entsenden, unterzeichnete Johann Leisentrit 1565 die eingangs erwähnte Abtretungsurkunde, in der sich die widerstreitenden Aspekte des Reformationszeitalters geradezu exemplarisch bündelten. Es war neben der traditionell starken ständischen Verfassung der Oberlausitz und ihrem Status als Nebenland ganz wesentlich Leisentrits persönliches Verdienst, dass die Umbrüche des Reformationszeitalters in der Oberlausitz einen erstaunlichen und vergleichsweise friedlichen Verlauf nahmen.

Leisentrit erwies sich als ein weitsichtiger, kluger und ausgesprochen diplomatischer Kopf, der dort nachgab, wo die katholische Position nicht zu retten war, dadurch aber Freiräume gewann, um vier Institutionen des Katholizismus für Jahrhunderte in der Oberlausitz zu erhalten. Diese geschickte Strategie bestimmte auch sein Verhalten bei der Übergabe des Franziskanerobservantenklosters an die Stadt Kamenz. Leisentrit billigte die von der Stadt gewünschte Übernahme der Kirche und des Klosters, was dessen Aufhebung gleichkam. Er knüpfte dies aber an Bedingungen, die im aufgeheizten Klima der Reformationszeit durchaus überraschen und in ihrer Fairness noch heutigen Verhandlungen zum Vorbild dienen könnten: Die Stadt Kamenz sollte in den Klausurgebäuden die Ratslateinschule unterbringen, St. Annen für den Gottesdienst der (evangelischen) Sorben nutzen, die Altäre unversehrt erhalten, die liturgischen Gefäße und Gewänder vor Entweihung bewahren und den letzten noch verbliebenen Mönch bis zu seinem Lebensende versorgen. Allen diesen Punkten kam die Stadt teilweise über Jahrhunderte pflichtgemäß nach.

Gesetz und Gnade, Gemälde von Wolfgang Krodel, 1542

Darüber hinaus verfügte Leisentrit, dass die Stadt im Falle einer erneuten Ansiedelung der Franziskaner in der Oberlausitz das Kloster auf Wunsch des Ordens wieder an diesen abzutreten hätte, jedoch unter Erstattung der Ausgaben, die der Stadt in der Zwischenzeit für den Unterhalt der Gebäude entstanden wären. Dazu kam es nicht mehr – die Reformation erwies sich als unumkehrbar. Dennoch fühlte sich der Rat der Stadt offensichtlich für lange Zeit an die Bestimmungen dieser Urkunde gebunden, durchaus zum Vorteil für die städtische Bevölkerung und letztlich auch für beide Konfessionen. Die Urkunde, die aus einer realistischen Einschätzung der Situation heraus die Interessen beider Seiten berücksichtigte, erwies sich als erstaunlich tragfähig. Die evangelische Gemeinde nahm das Gotteshaus umgehend in Besitz – zu Allerheiligen 1565 fand die erste evangelische Predigt in der Klosterkirche statt. Schon Ende des Jahres wurde die Kirche dann als Gottesdienstraum für die wendische (sorbische) Gemeinde geweiht. Bis 1926 wurden in St. Annen sorbische Gottesdienste gehalten.

Die Reformation brachte von liturgischen Fragen bis zur Neustrukturierung der Armen- und Krankenfürsorge zahlreiche Herausforderungen mit sich. Gleichzeitig bedeutete diese Zeit der Umbrüche auch eine Gefahr für die Kulturgüter, die jahrhundertelang in der Obhut der Klöster bewahrt und gepflegt worden waren. Die spätgotischen Schnitzaltäre der Kamenzer Klosterkirche kamen dabei glimpflich davon und wurden immer pietätvoll behandelt.

Anders erging es der Klosterbibliothek, von der nur spärliche Nachrichten vorliegen. Überliefert ist, dass die Mönche eine Büchersammlung besaßen, über deren Umfang und Bedeutung wir leider nicht unterrichtet sind. Da die Quellen aber auch von gelehrten Kamenzer Mönchen berichten, die ihr medizinisches und naturwissenschaftliches Wissen zum Wohle der städtischen Bevölkerung einsetzten, kann als sicher angenommen werden, dass auch im Kamenzer Konvent zumindest von einzelnen Mitgliedern wissenschaftliche Studien betrieben worden sind. Nach der Reformation muss die Büchersammlung zerstreut worden sein. Einzelne Handschriften und Inkunabeln bzw. Fragmente davon, die sich im Besitz der Evangelisch-Lutherischen Kirchgemeinde Kamenz und im Bestand der

Ratsbibliothek in den Städtischen Sammlungen Kamenz befinden, könnten aus der Klosterbibliothek stammen, doch ließ sich dies bislang noch nicht definitiv nachweisen. Anschaulich belegbar ist dagegen auch für Kamenz, dass die »alten Schriften« ganz pragmatisch zum Einbinden von städtischen Akten weiterverwendet wurden. In den letzten Jahren sind immer wieder derartige Blätter in den Beständen des Kamenzer Stadtarchivs zum Vorschein gekommen. Sie zeugen von den Gefährdungen, die das Zeitalter der Reformation für die materiellen Hinterlassenschaften der aufgehobenen Klöster heraufbeschwor. Andererseits schenkte ausgerechnet der letzte katholische Bischof von Meißen, Johann IX. von Haugwitz (1524–1595), der Kamenzer Hauptkirche St. Marien seine Büchersammlung, die den Grundstock der Pfarrbibliothek bildete und von der sich bedeutende Teile, darunter Inkunabeln, bis heute im Besitz der Evangelisch-Lutherischen Kirchgemeinde erhalten haben.

In Kamenz etablierte sich eine gut strukturierte evangelische Geistlichkeit. Über Jahrhunderte lag die Seelsorge nun in den Händen des jeweiligen Pastor Primarius, des Archidiakons und des Diakons, der auch als »Wendischer Prediger« firmierte. Gleichwohl blieb die Existenz von katholisch gebliebenen Territorien in der direkten Nachbarschaft offensichtlich nicht ohne Einfluss auf die Sichtweise des einen oder anderen Kamenzer Stadtoberen, Geistlichen und Gelehrten. Die Stadt selbst war geschlossen evangelisch, und man beteiligte sich auch entsprechend aufwändig an den Jubelfeiern der Reformation. So trat Johann Gottfried Lessing (1693–1770), später Pastor Primarius und Vater von Gotthold Ephraim Lessing, 1727 mit einer »Zweyhundert-jährigen Gedächtniß-Schrift derer ersten Evangelischen Predigten, welche in der Sechs-Stadt Camentz, 1527, an Ostern gehalten worden« hervor.

Die friedliche Koexistenz der Konfessionen dürfte einen Mann wie Gotthold Ephraim Lessing aber ebenso geprägt haben wie die Erfahrung des Zusammenlebens der deutschen mit der sorbischen Bevölkerung. Letztlich erlebte der später berühmteste deutsche Aufklärer schon als Kind in Kamenz eine funktionierende Bikonfessionalität, die zwar noch nicht innerhalb des städtischen Gemeinwesens, aber doch bereits in seinem Lebensumfeld über einen langen Zeitraum erfolgreich existierte. Es dürften auch solche Erfahrungen gewesen sein, die ihn zu seinen epochalen Visionen einer religiösen Toleranz und einer Gleichwertigkeit der verschiedenen Religionen führten, die schließlich in der berühmten »Ringparabel« aus seinem Drama »Nathan der Weise« zu Weltliteratur und gesellschaftlicher Aufgabe gleichermaßen wurden. So wurzeln bestimmte Einsichten und Überzeugungen der deutschen Aufklärung vielleicht auch ein Stück weit im Reformationszeitalter und seinen Gegebenheiten in Kamenz. Begegnen kann man Lessing und seinen Ideen im Kamenzer Lessing-Museum, das als »Kultureller Gedächtnisort von besonderer nationaler Bedeutung« mit Leben und Werk seines Namensgebers vertraut macht.

St. Annen ist bis heute eine geweihte Kirche geblieben und dient noch immer Gottesdiensten der Evangelisch-Lutherischen Kirchgemeinde Kamenz. In der Kirche befindet sich jedoch seit 2011 auch das von den Städtischen Sammlungen Kamenz betriebene Sakralmuseum, ein Kooperationsprojekt mit der evangelischen Kirchgemeinde, die Eigentümerin des Gebäudes und der hier gezeigten Kunstschätze ist. So kann man in Klosterkirche und Sakralmuseum St. Annen heute den Spuren der Franziskanerobservanten in Kamenz ebenso begegnen wie den Gegnern und Befürwortern der Reformation. Und mit dem Bilderpaar »Gesetz und Gnade«, bei dem der Maler Wolfgang Krodel ein berühmtes Motiv seines Lehrers Lucas Cranach der Ältere aufgriff, zeigt das Museum zwei Gemälde, die den Besucher auf geradezu programmatische Weise in die Epoche und Gedankenwelt der Reformation führen. ●

▶ **DR. SYLKE KAUFMANN**
ist die Leiterin der Städtischen Sammlungen Kamenz. Sie promovierte mit einer Arbeit über die Weimarer Malerin Louise Seidler und veröffentlichte zahlreiche Publikationen zu den Kamenzer Museen, zu Lessing wie auch zur Weimarer Kulturgeschichte der Goethezeit.

Die Kamenzer Kirchen

VON LARS-ARNE DANNENBERG, MATTHIAS DONATH UND F. MARTIN KÜHNE

Hauptkirche St. Marien

Die hoch über dem Herrental gelegene St.-Marien-Kirche ist die Hauptkirche der Stadt Kamenz. Kaplan Johann Ludwig hielt hier zu Ostern 1527 die erste evangelische Predigt. Aber das Kloster St. Marienstern als Patronatsherr widersetzte sich der Einführung der Reformation. Erst nach langen Auseinandersetzungen konnte der Rat evangelische Prediger berufen. Auf dieses Geschehen nehmen zwei Buntglasfenster (um 1900) an der Südwand der Kirche Bezug: Sie zeigen die Verbrennung der Bannandrohungsbulle durch Martin Luther und das evangelische Abendmahl mit Brot und Wein. Ganz im reformatorischen Sinne gestaltete auch der Kamenzer Bildschnitzer und Maler Andreas Dreßler (1530–1604) die Kanzel. Szenen aus dem Alten und dem Neuen Testament sind am Treppenaufgang und am Kanzelkorb gegenübergestellt. Von dort predigte bereits Johann Gottfried Lessing (1693–1770), der Vater des Dichters Gotthold Ephraim Lessing (1729–1781). Er war im 18. Jahrhundert der Hauptpfarrer in Kamenz. In der Chorvorhalle befinden sich die barocken Grabmäler der Eltern und Großeltern des Dichters der Aufklärung.

Kunsthistorisch wertvoll ist auch die vorreformatorische Ausstattung der Kirche. Hierzu zählen zwei von einst 20 Altären, Apostelfiguren und eine Kreuzigungsgruppe im Triumphbogen sowie ein achteckiger Taufstein aus Granit.

▶ **HAUPTKIRCHE ST. MARIEN**
Kirchstraße, 01917 Kamenz

St.-Just-Kirche

Ursprünglich als Wegekapelle im ausgehenden Hochmittelalter vor den Toren der Stadt errichtet, ist die St.-Just-Kirche dem heiligen Jodokus, dem Schutzpatron der Pilger und Reisenden, geweiht. Der Chor erhielt um 1400 eine prächtige Ausmalung, die böhmischen Einfluss zeigt. Abgebildet sind Szenen von der Geburt Christi und der Passion Christi. 1455 ist ein Jodokus-Altar bezeugt. Zur Reformationszeit werden 1520 sogar drei Altäre erwähnt. Der heutige Altar stammt aus der St.-Annen-Kirche und wurde erst 1770 umgesetzt, als die Kirche längst als Friedhofskapelle genutzt wurde. Zu diesem Zweck wurde das

Kirchenschiff im Laufe der Jahrhunderte mehrfach verändert: Es erhielt einen kleinen Dachreiter, Emporen wurden eingezogen und eine kleine Orgel eingebaut, um angemessen Trauergottesdienste feiern zu können. Bemerkenswert sind mehrere Kästen mit Totenkronen aus dem 18. Jahrhundert unterhalb der Seitenemporen. Mit diesem besonderen Schmuck wurden unvermählt Verstorbene geehrt. Er wurde zur Erinnerung in der Kirche in gesonderten Regalen aufbewahrt und mit Gedenktafeln versehen.

▶ **ST.-JUST-KIRCHE**
Feldstraße 1, 01917 Kamenz

Klosterkirche und Sakralmuseum St. Annen

1493 erhielt auch Kamenz ein Franziskanerkloster. Lange hatte sich die Stadt gegen die landesherrliche Stiftung durch König Wladislaw II. von Böhmen (1456–1516) gesträubt. Die Franziskanermönche erbauten eine spätgotische dreischiffige Hallenkirche. Der Kirchenraum wurde um 1512 ausgemalt. Im Gewölbe des Altarraumes erstrahlt eine farbenprächtige Himmelswiese. Am Triumphbogen ist Anna selbdritt (Anna mit Maria und dem Jesuskind) zu sehen.

Nachdem der letzte Mönch das Kloster verlassen hatte, fielen Kirche und Kloster 1565 an die Stadt Kamenz, die sich verpflichtete, Altäre, Heiligenbilder, Messgewänder und Kelche nicht zu veräußern, sondern für den Gottesdienst aufzubewahren. Die Klosterkirche diente bis 1926 als »Wendische Kirche«. Hier traf sich die evangelische Bevölkerung des Umlands zu sorbischen Gottesdiensten. 2011 wurde in der St.-Annen-Kirche ein Sakralmuseum eröffnet, in dem neben fünf gotischen Schnitzaltären weitere kirchliche Kunst präsentiert wird. Die zwischen 1512 und 1520 geschaffenen Altäre sind wertvolle Zeugnisse der Frömmigkeit am Vorabend der Reformation. Auch wenn das Gebäude ein Museum beherbergt, ist es weiterhin kirchliches Eigentum und als Kirche gewidmet. Im Sommerhalbjahr wird die St. Annen-Kirche für Gottesdienste, Andachten und Orgelkonzerte genutzt.

Katechismuskirche

Wie eine Bastion ragt die Katechismuskirche, direkt neben der Hauptkirche gelegen, aus den Resten der Stadtmauer in das Kamenzer Herrental. Sie war Teil der ehemaligen Stadtbefestigung mit Wehrgang, Standschützenboden und Schießscharten. Bereits 1358 wurde die ehemalige Wehrkirche in einer Urkunde als Kapellenstiftung erwähnt. Bis 1565 nutzten die ansässigen Sorben diese Kirche als Wendische Kapelle. In späterer Zeit verfiel sie. 1724 wurde sie als Raum für die Katechismuspredigten wieder hergerichtet und »Jesus-Kirchlein« genannt. Das verdeutlicht, welche Bedeutung damals der Vermittlung des Glaubens beigemessen wurde. Anlässlich der 775-Jahrfeier der Stadt Kamenz im Jahr 2000 wurde sie durch die Bemühungen engagierter Kamenzer mit vielen Spenden sowie unentgeltlichen Leistungen Kamenzer Firmen vor dem Verfall gerettet und wieder hergerichtet. Im Inneren birgt sie einen Kanzelaltar, durch den die Gleichberechtigung von Predigt und Abendmahl in der evangelischen Kirche deutlich wird. Auch die barocke, ornamentale Ausmalung sowie das Deckengemälde »Predigt des Apostel Paulus in Athen« sind unverändert erhalten.

▶ **KATECHISMUSKIRCHE**
Kirchstraße, 01917 Kamenz

F. MARTIN KÜHNE
ist Vorsitzender des Kamenzer Kirchbauvereins St. Marien e. V. und stellvertretender Vorsitzender des Kirchenvorstandes der Ev.-Luth. Kirchgemeinde Kamenz.

▶ **KLOSTERKIRCHE UND SAKRALMUSEUM ST. ANNEN**
Schulplatz 5, 01917 Kamenz

Elke Strauchenbruch

Luthers Küchengeheimnisse

2015 | ca. 180 Seiten | 13,5 x 19 cm
Hardcover | ISBN 978-3-374-04123-7   € 14,80

»Unser Herr Gott gönnt uns wohl zu essen und zu trinken und fröhlich zu sein«, meinte Luther einmal in einem seiner berühmten Tischgespräche. Dass der Reformator gerne aß, das ist weithin bekannt. Schon zu seiner Zeit lebte man nach der Devise: »Wie man's kocht, so schmeckt's«. Die Frage ist nun, wie bereitete man zu Luthers Zeit die Speisen zu, und vor allem: Wie schmeckten sie? Was aßen der Reformator und seine Zeitgenossen? Inwiefern übte die Reformation tatsächlich Einfluss auf die europäischen Küchen aus?

Die für ihre spannenden kulturgeschichtlichen Recherchen inzwischen weithin bekannte Autorin Elke Strauchenbruch legt hier ein neues Meisterwerk vor. Sie breitet den ganzen Kosmos des Essens im 16. Jahrhundert aus und nimmt ihre Leser mit in das duftende Reich der Schwarzen Küchen.

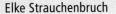

Elke Strauchenbruch

Luthers Paradiesgarten

2015 | 168 Seiten | 13,5 x 19 cm
Hardcover | ISBN 978-3-374-03802-2

€ 14,80

Elke Strauchenbruch

Luthers Wittenberg

2013 | 248 Seiten | 13,5 x 19 cm
Hardcover | ISBN 978-3-374-03137-5

€ 14,80

Elke Strauchenbruch

Luthers Kinder

2010 | 208 Seiten
ISBN 978-3-374-03531-1
Nur als E-BOOK erhältlich

€ 9,99

EVANGELISCHE VERLAGSANSTALT
Leipzig   www.eva-leipzig.de

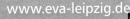 www.facebook.com/leipzig.eva   Bestell-Telefon 03 41 7 11 41 16 · vertrieb@eva-leipzig.de

Eine Kirche, zwei Konfessionen

Der Bautzener Dom

VON JAN MAHLING

◄
Bautzen, Dom, Blick vom evangelischen
Teil in den katholischen Teil

▶
Bautzen, Dom St. Petri

Der Petridom in Bautzen ist ein wichtiges Symbol für das Zusammenleben der verschiedenen Glaubensrichtungen in der Oberlausitz, denn er wird seit dem Reformationszeitalter von zwei Konfessionen genutzt. Er ist die größte Simultankirche in Deutschland.

Die 1221 geweihte Kirche war seit dem Mittelalter sowohl die Stiftskirche des Kollegiatkapitels St. Petri als auch die Stadtkirche Bautzens. 1524 wurde in ihr zum ersten Mal nach Luthers Lehre gepredigt. Während der Stadtrat und die meisten Einwohner Bautzens evangelisch wurden, blieb das Kapitel beim alten Glauben. 1543 wurde ein erster Vertrag zwischen Kapitel und Stadtrat zur Nutzung der Kirche geschlossen, in dem die Nutzung des hinteren Teils für evangelische Gottesdienste zugestanden wurde. Der Chorraum östlich des Lettnergitters wurde weiter als katholische Kapitels- und Stadtkirche genutzt. Anlässlich eines Streits um die eigenmächtige Aufstellung eines Taufsteins durch den Stadtrat wurde 1599 der sogenannte »Taufsteinrezess« unterzeichnet. Der Taufstein wurde aus der Kirche entfernt. Kapitel und Rat verpflichteten sich auf Drängen eines kaiserlichen Kommissars zu »Fried, Ruh und Einigkeit«. Diese Vereinbarung ist ein frühes Zeugnis für die staatlich angeordnete Toleranz, die in den folgenden Jahrhunderten zur Grundmentalität im Verhältnis beider Konfessionen in der Lausitz wurde.

Die Stiftskirche St. Petri wurde schon vor der Reformation als »Dom« bezeichnet. Auch für das Kollegiatstiftskapitel, das eigentlich dem Domkapitel in Meißen nachgeordnet war, bürgerte sich die Bezeichnung »Domkapitel« ein. Zum Dom, also zur Kathedrale, wurde die Stiftskirche allerdings erst, als 1921 das katholische Bistum Meißen mit Sitz in Bautzen gegründet wurde. 1980 verlegte man den Bischofssitz nach Dresden, auch das Domkapitel St. Petri zog dorthin um. Seitdem ist der katholische Teil nur noch Konkathedrale des Bistums Dresden-Meißen.

1848/50 trat das Kapitel den evangelischen Domteil auch eigentumsmäßig an den Stadtrat ab. Die Grundstücksgrenze verläuft annähernd entlang des Lettnergitters, das ursprünglich über vier Meter hoch war, 1953 aber auf die Höhe von einem Meter abgesenkt wurde.

In den Grundzügen gelten auch heute noch die alten Vereinbarungen zwischen Stadtrat und Domkapitel, allerdings wurden nach 1868 die Eigentumsrechte vom Stadtrat an die Evangelisch-Lutherische Kirchgemeinde St. Petri übertragen. Während die evangelische Kirchgemeinde St. Petri für Lang-

haus und Turm verantwortlich ist, gehört der Chor dem Domkapitel, welches ihn der Römisch-Katholischen Pfarrgemeinde St. Petri überlässt. Die Glocken läuten auch zu den katholischen Gottesdiensten, wofür eine Entschädigung gezahlt wird. Jede Konfession hat eine eigene Orgel. Die jüngste Domrenovierung wurde 2015 abgeschlossen. Dabei wurde in das Gitter eine zweite Tür eingebaut, um Umgänge durch den ganzen Kirchenraum zu ermöglichen.

▶ **DOM ST. PETRI**
Fleischmarkt, 02625 Bautzen
www.st-petri-bautzen.de
www.dompfarrei-bautzen.de

▶ **JAN MAHLING (SORB. MALINK)**
ist Pfarrer an der Michaeliskirche in Bautzen und Sorbischer Superintendent. Er brachte mehrere Veröffentlichungen zur sorbischen Kultur- und Kirchengeschichte heraus.

Die Bautzener Kirchen

VON JAN MAHLING

Michaeliskirche

Die Michaeliskirche oberhalb des tief eingeschnittenen Spreetals wurde um 1450 im Zusammenhang mit dem Ausbau der Stadtfestigung über der Scharfenwegbrücke errichtet. Mit der benachbarten Wasserkunst ist sie das Wahrzeichen der Stadt Bautzen. Die spätgotische Kirche war nahezu eine Kopie der Nikolaikirche, nur das Langhaus ist um ein Joch kürzer. Zur nachreformatorischen Ausstattung der spätgotischen Hallenkirche gehören der reich gestaltete Barockalter von 1693 und der aus dem Petridom stammende Taufstein von 1597.

Seit 1619 ist sie die evangelische Pfarrkirche für die Dörfer um Bautzen, die damals rein sorbisch waren. Sie gehört somit zu den 18 Wendischen Kirchen in den Städten der Lausitz. Bis heute finden in der Kirche sorbische evangelische Gottesdienste statt. Die Michaeliskirche ist die Predigtkirche des Sorbischen Superintendeten, der die evangelischen Sorben in der Oberlausitz betreut. Vor der Kirche steht ein Gedenkstein für alle, die für die Verbreitung des Wortes Gottes in sorbischer Sprache gewirkt haben.

▶ **MICHAELISKIRCHE**
Wendischer Kirchhof, 02625 Bautzen

Kirchruine St. Nikolai

Etwa ab 1400 verfolgte der Stadtrat den Plan, den Spreeübergang der Hohen Straße verteidigungstechnisch zu sichern. Oberhalb der Spreebrücke wurde ein Friedhof angelegt, auf diesem eine Kapelle mit Priesterhaus errichtet und die ganze Anlage mit einer starken Mauer abgesichert. Die 1444 geweihte Nikolaikirche war Eigentum des Bautzener Domkapitels. Ab 1583 war sie die Gemeindekirche der katholischen Sorben um Bautzen. Im Dreißigjährigen Krieg verfiel das Kirchengebäude, da man das Dach zur Aufstellung von Kanonen auf dem Gewölbe geöffnet hatte. Weil das Kapitel den Wiederaufbau nicht finanzieren konnte, wurden die Parochialrechte 1647 auf die Liebfrauenkirche übertragen. Der Friedhof wurde weitergenutzt, seit 1745 wird auch in der Kirche beerdigt. Am Westgiebel in der Kirche ist das Grab des bedeutenden Sorben Michał Hórnik (Michael Hornig, 1833–1894), östlich des Turmstumpfs befinden sich die Gräber der Bischöfe Petrus Legge (1882–1952) und Otto Spülbeck (1904–1970).

▶ **NIKOLAIFRIEDHOF**
Nikolaipforte, 02625 Bautzen

Ruine der Franziskanerkirche

Im Jahr 1226 starb Franz von Assisi. Schon 1248 hatten die Franziskaner eine Niederlassung in Bautzen auf dem Gelände zwischen Petrikirche und Burg errichtet, die zu einer mächtigen Anlage mit einer langgestreckten Kirche ausgebaut wurde. Mit der Einführung der Reformation entfiel die geistliche Grundlage für das Klosterwesen. Die letzten Mönche übertrugen 1558 die Klosteranlage dem Domkapitel. 1598 brannte das Kloster aus. Seit dieser Zeit ist die Kirche ein Ruine. Das Kapitel ließ auf dem Klostergelände katholische Familien siedeln, um die Zahl der Katholiken in Bautzen zu vermehren. An der Stelle des Chorraums wurde 1824 das Kapitelstockhaus als ein Gefängnis für den Dombezirk errichtet, das heute ebenfalls Ruine ist. Im Westteil der Kirche wurde 1877 ein großer Wasserturm errichtet. Nach einem Brand im Jahr 1894 übertrug das Domkapitel die Klosteranlage der Stadt Bautzen.

Liebfrauenkirche

Die Entstehung der Kirche ist noch nicht geklärt. Die einen halten sie für die Kaufmannskirche, die um 1070 etwas abseits der Hohen Straße errichtet worden ist, andere sehen in ihr eine Wegekapelle aus der Mitte des 13. Jahrhunderts. Ihr Rechtsträger war das Bautzener Domkapitel. Seit 1647 ist sie die Pfarrkirche für die Katholiken der Bautzener Vorstadt und der umliegenden Dörfer. Damit wurde sie zur katholischen Wendischen Kirche von Bautzen. An ihr wirkten mehrere verdienstvolle Geistliche, von denen Michał Hórnik (Michael Hornig, 1833–1894) der bedeutendste war. Vor dem Eingang steht ein Kreuz, das fälschlich auf Johann Tetzel zurückgeführt wird, tatsächlich aber auf den Bussprediger Johannes Capistrano zurückzuführen ist, der 1453 in Bautzen auftrat. Das mit zwei Querbalken versehene Giebelkreuz verweist auf die langjährige Zuordnung der Lausitzer Katholiken zum Erzbistum Prag. Im Innenraum fallen die modernen Fenster von Gottfried Zawadzki auf (»Das himmlische Jerusalem«, 1974).

▶ **FRANZISKANERKIRCHE**
Große Brüdergasse, 02625 Bautzen

▶ **LIEBFRAUENKIRCHE**
Kirchplatz, 02625 Bautzen

Nikolaus Ludwig Graf von Zinzendorf und die Evangelische Brüder-Unität

Von Herrnhut in die Welt

VON RÜDIGER KRÖGER

Das Zinzendorf-Schloss Berthelsdorf

Am 13. August 1727 nahmen die Bewohner Herrnhuts an einer Abendmahlsfeier in der Berthelsdorfer Kirche teil, die sie als Erweckungserlebnis empfanden, nachdem sie sich zuvor in Richtungskämpfen aufgerieben hatten. Zahlreiche Einwohner stammten aus dem Kuhländchen (Mähren). Sie waren als Exulanten wegen ihres Glaubens aus ihrer Heimat geflohen. Ihre Vorfahren gehörten zu den Böhmischen Brüdern, einer Splittergruppe der Böhmischen Reformation des 15. Jahrhunderts. Mittelbar reicht ihre Tradition zu den Hussiten und John Wiclif (um 1330–1384) zurück. Mehr als 100 Jahre vor Martin Luther löste Jan Hus (um 1369–1415) mit seinen Forderungen in Prag, unter anderem den Gebrauch der Volkssprache in der Kirche und Spendung des Abendmahls unter beiderlei

Gestalt für alle, die böhmische Reformation aus. Mitte des 15. Jahrhunderts trennten sich die Böhmischen Brüder von der hussitischen Kirche und begründeten eine von Rom gänzlich unabhängige Kirche. Unter dem Schutz einiger Standesherren hielt sich die Kirche trotz aller Verfolgungen bis ins 17. Jahrhundert. Nach der Niederlage der Protestanten in der Schlacht am Weißen Berg 1620 setzten die Habsburger die Gegenreformation in Böhmen durch und alle Nichtkatholiken mussten das Land verlassen. Dennoch bestand dank eingeschleuster Literatur und heimlicher Erbauung hier und da auch im 18. Jahrhundert noch eine lebendige evangelische Tradition. Als die gegenreformatorischen Maßnahmen an Intensität erneut zunahmen, verließen viele das Land. Einige davon siedelten sich ab 1722 in Berthelsdorf auf dem Gut des Grafen von Zinzendorf an.

Nikolaus Ludwig Graf von Zinzendorf und Pottendorf (1700–1760) entstammte einer niederösterreichischen Adelsfamilie, die ebenfalls wegen ihres evangelischen Glaubens über Franken nach Sachsen eingewandert war und in kurfürstlichen Diensten stand. Zinzendorf wuchs bei seiner Großmutter Henriette Catharina Freifrau von Gersdorf (1648–1726), der Witwe eines hohen Beamten, in Großhennersdorf auf. Sie war eine energische und kluge Frau, die selbst pietistischen Kreisen in Halle nahestand und ihren Enkel beeinflusste. Im Mai 1722 erwarb Zinzendorf von ihr anlässlich seiner bevorstehenden Verehelichung mit der Gräfin Erdmuthe Dorothea Reuß-Ebersdorf (1700–1756) den Berthelsdorfer Grundbesitz. Zinzendorf ließ das Schloss bis 1724 seinen bescheidenen Mitteln entsprechend ausbauen und wohnlich herrichten. Nach weiteren

Umbauten war das Schloss von 1791 bis 1913 Sitz der Direktion der Herrnhuter Brüdergemeine. Seit 1998 betreibt der Freundeskreis Zinzendorf-Schloss Berthelsdorf e. V. erfolgreich die Rettung und denkmalgerechte Restaurierung der Gebäude.

Die zeitweise enge Verbindung zwischen Herrnhut und Großhennersdorf fand in dem anlässlich Zinzendorfs 300. Geburtstag angelegten Skulpturenpfad einen Niederschlag in den von Knut-Uwe Weise entworfenen Skulpturen.

Am 17. Juni 1722 fällte der Zimmermann Christian David (1690–1751) den ersten Baum für den Bau eines Wohnhauses auf Berthelsdorfer Flur an der Landstraße Löbau-Zittau, dem bald weitere Häuser folgten. Die Exulanten stellten ihre Siedlung unter den Schutz, die Hut des Herrn. 1727 lebten einem Einwohnerverzeichnis zufolge ca. 220 Erwachsene und Kinder in Herrnhut. 1731 wurde für Herrnhut ein eigener, parkartiger Gottesacker eingerichtet, über dem anstelle des ursprünglichen Schutzhäuschens sich seit 1795 ein Aussichtsturm (Altan) erhebt.

Herrnhut ist nach und nach gewachsen und, obwohl auf der »grünen Wiese« angelegt, nicht auf dem Reißbrett entworfen. In den 1720er Jahren baute man um einen rechteckigen Platz herum nördlich einen Gasthof für Fremde und östlich ein Waisenhaus, das erste »Gemeinhaus«. An der südlichen Platzseite ließ Zinzendorf für sich zwischen 1725 und 1727 ein einstöckiges Herrenhaus mit Garten errichten. Es wurde nach 1781 durch eine zweigeschossige Dreiflügelanlage ersetzt. Nach und nach entstanden im von Handel und Gewerbe geprägten Ort – die offizielle Titulatur als Stadt erfolgte erst 1929 – unter Erweiterung des Platzes weitere Wohngebäude, die dann zum Teil durch größere kirchliche Bauten ersetzt wurden: das Brüderhaus, das Schwesternhaus und das Witwenhaus, jeweils mit größeren Gartenanlagen.

Mitten auf dem Platz steht der 1756/57 erbaute Versammlungssaal, die Kirche. Herrnhut brannte in der Nacht auf den 9. Mai 1945 zu etwa einem Drittel nieder. Der Hergang lässt sich heute nicht mehr zweifelsfrei rekonstruieren. Mit internationaler Hilfe der Brüder-Unität war es möglich, den Kirchensaal bis 1953 wiederaufzubauen. Die Ruinen von Brüder- und Schwesternhaus standen noch bis

Herrnhut vom Hutberg aus gesehen. Radierung von Heinrich Friedrich Laurin nach Ludwig Friedrich Schmuz, um 1800

Missions-Knaben-anstalt in Kleinwelka, Anfang 19. Jahrhundert

▶
Werbung für Herrn-huter Sterne, 1930

Ende der 1970er Jahre, als das Areal des Schwestern- und des Herrschaftshauses als Zentrum zur Förderung von Jugendlichen mit geistiger Behinderung hergerichtet und das jetzt vom Evangelischen Zinzendorf Gymnasium genutzte Schulgebäude erbaut wurde. Bis heute sind noch nicht alle Narben im Stadtbild beseitigt.

Die Herrnhuter stehen als pietistische Gemeinschaft in der Tradition der lutherischen Reformation. Für sie stellt Jesus Christus das Zentrum des Glaubens dar, der seinen Ausdruck in einer persönlichen unmittelbaren Beziehung, einer ständigen »Konnexion mit dem Heiland« (Zinzendorf) findet. Gleichzeitig ist der Einzelne in die Gemeinschaft von Schwestern und Brüdern eingebunden. Für Zinzendorf gab es »kein Christentum ohne Gemeinschaft«. Dabei wurde das gesamte Leben in all seinen Ausprägungen als ein fortwährender Gottesdienst verstanden. Bibelwort und Liedgut begleiten sie in zahlreichen religiösen Versammlungen. Sichtbar wird dies in besonderer Weise in den Herrnhuter Losungen, einem Bibelwort mit zugeordnetem Liedvers für jeden Tag. Sie erscheinen seit 1731 alljährlich in Buchform. Ursprünglich waren sie nur für die Mitglieder der Brüdergemeine gedacht, die – in der ganzen Welt verstreut – täglich das gleiche Bibelwort lasen und sich dadurch in die weltweite Gemeinschaft eingebunden sahen. Heute werden die Losungen über Konfessionsgrenzen hinaus gebraucht und erscheinen in etwa 50 Sprachen.

Nach seinem Examen in Stralsund und Eintritt in den geistlichen Stand (1734) ließ sich Zinzendorf 1737 von Daniel Ernst Jablonski (1660–1741), dem Senior des polnischen Zweigs der Brüder-Unität,

zum Bischof ordinieren. Damit verband er in eigener Person die lutherisch-pietistische und die »brüderische« Tradition. Die Ordination von David Nitschmann und Zinzendorf war die Voraussetzung einer kirchlich abgesicherten Tätigkeit der Mitarbeiter, bei denen es sich häufig um Laien handelte.

Die Herrnhuter nahmen den biblischen Auftrag zu Nächstenliebe und Verbreitung des Evangeliums ernst. Ihre Freude und ihr Drang, die religiösen Erfahrungen mitzuteilen, gepaart mit der Bereitschaft Haus und Hof zu verlassen, führten zu intensivem Engagement in Mission und Gemeinschaftspflege, der sogenannten »Diasporaarbeit«. Bereits 1732 sandten die Herrnhuter die ersten Missionare auf die Westindischen Inseln. Noch vor 1740 waren Herrnhuter teils zur Pflege ökumenischer Beziehungen, teils in der sogenannten »Heidenmission« in England, Dänemark, Schweden, Estland, Lettland, Russland, der Schweiz, Frankreich, den Niederlanden, Surinam, Berbice, Dänisch Westindien, USA, Grönland, Island, Finnland, Algier, Ghana, Südafrika und Ceylon gewesen, wenig später in Konstantinopel, Persien, Ägypten, an der Wolga, in Indien, auf den Nikobaren, in Britisch Westindien, Labrador, im 19. Jahrhundert auch in Alaska, Nicaragua, Tanzania, Jerusalem, im Himalaya und in Australien. Weltweit zählt die Brüder-Unität gegenwärtig gut eine Million Mitglieder.

Nicht alle Interessenten konnten freilich Aufnahme in Herrnhut finden. Vielerorts entstanden Freundeskreise; auch zahlreiche weitere neue Siedlungen wurden – teilweise bedingt durch Zinzendorfs Landesverweisung aus Sachsen (1736/37 bis 1747) – in den protestantischen deutschen Ländern, in den Niederlanden, Großbritannien, Nordamerika,

Russland und Dänemark gegründet. Das dänische Christiansfeld wurde jüngst als Weltkulturerbe anerkannt.

In der Oberlausitz gab es außerhalb von Herrnhut weitere Niederlassungen. 1751 wurde auf dem Rittergut Kleinwelka, das Matthäus Lange eigens dafür erworben hatte, eine Herrnhuter Kolonie begründet, in der sich anfangs vor allem Sorben ansiedelten. Bekannt wurde Kleinwelka durch die 1803 bis 1896 bestehende Glockengießerei Gruhl. In dem kleinen Gemeinort waren bis zum Zweiten Weltkrieg auch Generationen von Kindern der Missionare internatsmäßig untergebracht.

Niesky wurde 1742 von böhmischen Glaubensflüchtlingen gegründet, die sich der Brüdergemeine angeschlossen hatten und auf den Ländereien Siegmund August von Gersdorfs, nahe dem Rittergut Trebus, ihre Häuser bauten. Seit 1760 befand sich hier das Pädagogium (Gymnasium), ab 1869 auch eine Ausbildungsstätte für Missionare der Brüdergemeine. Internatsschulen (»Pensionsanstalten«) existierten ferner für nicht zur Brüdergemeine gehörige Schüler in Uhyst und in Großhennersdorf. Zu den bekanntesten Schülern zählten Friedrich

Daniel Ernst Schleiermacher (1768–1834) und Hermann von Pückler-Muskau (1785–1871).

In Großhennersdorf hatte Zinzendorfs Tante Henriette Sophie von Gersdorf 1721 ein Waisenhaus nach dem Vorbild Halles gestiftet. Der letzte Inspektor des Waisenhauses, Heinrich Melchior Mühlenberg (1711–1787), ging 1742 nach Pennsylvania und wurde dort Begründer der lutherischen Kirche. Nachdem Großhennersdorf 1747 von Zinzendorfs Tochter Benigna von Watteville erworben worden war, setzte die Brüdergemeine die Schultradition mit Unterbrechung bis 1838 hier fort. Der »Katharinenhof« beherbergt gegenwärtig eine Einrichtung des Diakoniewerks Oberlausitz für Menschen mit Behinderung.

In den Internatsschulen der Brüdergemeine haben die Herrnhuter Sterne ihren Ursprung, die heute in der Weihnachtszeit in vielen Haushalten und Kirchen zu finden sind. Sie verkünden als Symbol des Sterns von Bethlehem die christliche Botschaft. Der erste Bericht über einen Stern stammt aus dem Jahr 1820. In der Weihnachtszeit hatte der gelernte Schneider und Mitarbeiter in der Eisenwarenhandlung Christian Madsen im Hof des Nieskyer

Tagesbahnversand der Zigarrenabteilung von Abraham Dürninger & Co.

Brüderhauses einen 110-zackigen Stern aufgehängt. Aus Kleinwelka und Niesky brachten Schüler, die das Sternebasteln kennengelernt hatten, den Brauch in ihre Familien mit. 1897 nahm Pieter Hendrik Verbeek (1863–1935) in das Sortiment seiner Herrnhuter Papierhandlung serienmäßig hergestellte Sterne aus durchscheinendem Papier auf, die er »Transparente Herrnhuter Weihnachtssterne« nannte. Die heute übliche Form des zusammensetzbaren Sterns besteht aus 17 viereckigen und acht dreieckigen Zacken sowie einer Öffnung zur Aufhängung und Zuführung der Beleuchtung. Es werden in der Herrnhuter Sterne GmbH jährlich über 250.000 Sterne von Hand hergestellt. 2010 konnte ein neues Besucherzentrum eröffnet werden.

Einen unerwarteten Beitrag für die evangelische Kirche leistete Martin Eugen Beck (1833–1903) als ein Erneuerer der evangelischen Paramentik. Angeregt durch den Maler Carl Andreä und den Pfarrer Moritz Meurer entwickelte sich Beck zu einem maßgeblichen Designer und Hersteller kirchlicher Stickkunst zwischen 1865 und 1900. In den lutherischen Kirchgemeinden Strahwalde und Rennersdorf befinden sich die historischen Paramente noch heute im Gebrauch.

Die wirtschaftliche Grundlage der Herrnhuter Siedlungen waren Gewerbe und Handel. Durch freiwillige Übereinkunft und Statuten verpflichteten sich Handwerker und Kaufleute zur Beachtung christlicher Geschäftsregeln, die u. a. Festpreise und preiswerte Qualität vorschrieben – »fair trade« im 18. Jahrhundert. Nach den ökonomischen Verän-

derungen und 45 Jahren Sozialismus sind nicht mehr viele alteingesessene Betriebe übrig. Der Straßburger Kaufmann Abraham Dürninger (1706–1773) übernahm 1747 den »Gemeinladen« und entwickelte daraus ein alsbald international vernetztes Handelsunternehmen schwerpunktmäßig in den Branchen Textilien und Tabakwaren. Abraham Dürninger & Co. besteht noch heute, wenn auch mit verändertem Geschäftsbetrieb.

Auf eine Geschichte von mehr als 100 Jahren können auch die Comenius-Buchhandlung, 1898 als Missionsbuchhandlung gegründet, sowie einige Familienbetriebe zurückblicken: Die Bäckerei Paul, die Druckerei Gustav Winter, die, bevor sie nach Herrnhut verlegt worden war, schon zahlreiche Schriften in Stolpen für die Herrnhuter Mission druckte, und das Fotoatelier Schmorrde haben den Stürmen der Zeit getrotzt. Das bürgerliche Ambiente einer Herrnhuter Familie des 19. Jahrhunderts ist in den Räumen des 1962 neugegründeten Heimatmuseums erlebbar.

Herrnhut ist nach wie vor ein Anziehungspunkt für Christen verschiedener Frömmigkeitsrichtungen. Zinzendorf hatte nicht nur Exulanten aus Böhmen eine Heimat geboten, er lud auch die aus Schlesien vertriebenen Schwenckfelder ein, woran das einzige in Europa noch vorhandene, gegenwärtig in Restaurierung befindliche Versammlungshaus in Berthelsdorf erinnert.

In Herrnhut gaben sich die unterschiedlichen Glaubensgemeinschaften 1978 im Christenrat ein gemeinsames Forum. An ihm beteiligen sich neben der Brüdergemeine, den Lutheranern und den Katholiken, die seit 1956 in St. Bonifatius eine eigene Kirche am Ort besitzen, auch die 1890 entstandene Evangelisch-Freikirchliche Gemeinde zu Berthelsdorf und das 1999 gegründete Christliche Zentrum Herrnhut. 2002 etablierte »Jugend mit einer Mission« im Ortsteil Ruppersdorf eine Jüngerschaftsschule. Die Brüdergemeine arbeitet in der Ökumene in vielen Bereichen mit. Sie ist assoziiertes Mitglied in der Evangelischen Kirche Deutschlands sowie Mitglied in der Arbeitsgemeinschaft Christlicher Kirchen in Deutschland. •

▶ DR. RÜDIGER KRÖGER
war bis 2015 Leiter des Unitätsarchis Herrnhut und ist seit 2016 Leiter des Landeskirchlichen Archivs Hannover.

Schönes und Gelehrtes

Unitätsarchiv und Völkerkundemuseum

Man kann es zu den Besonderheiten des Wesens der Brüdergemeine zählen, dass vieles aufgezeichnet worden ist, was andernorts ohne schriftlichen Nachhall verklungen ist. Zu solchen Besonderheiten zählen beispielsweise die zahlreichen persönlichen und institutionellen Tagebücher, Jahresberichte und Autobiographien sowie umfangreiche private und amtliche Korrespondenzen, die insbesondere die religiöse Erfahrungswelt der Herrnhuter beleuchten. Die ihnen innewohnende Bedeutung als christliche Zeugnisse für künftige Generationen waren für Zinzendorf und die Brüdergemeine schon zeitig Grund genug, sich um ihre Aufbewahrung zu kümmern.

Erste sichere Hinweise auf ein Archiv existieren bereits aus den 1730er Jahren. Eine kontinuierliche Institution stellt das zunächst in Zeist in den Niederlanden eingerichtete Unitätsarchiv seit 1764 dar. 1820 wurde es nach Zwischenetappen nach Herrnhut überführt. Zu den Beständen zählen auch eine Präsenzbibliothek und historische Sammlungen. Forscher aus aller Welt nutzen die Unterlagen für vielfältige Fragestellungen.

1878 kam es zur Gründung eines Museums in Herrnhut, das sich einerseits der Ortsgeschichte und regionalen Volkskunde annahm, andererseits kostbare Sammlungen zur Ethnographie der Herrnhuter Missionsgebiete zusammentrug und zur Ausstellung brachte. 1901 kam es zur Trennung der beiden Abteilungen. Während das im Brüderhaus befindliche alte Heimatmuseum 1945 dem Brand zu Opfer fiel, überstanden Unitätsarchiv und Völkerkundemuseum, an den beiden Ortsenden gelegen, ohne größere Schäden den Zweiten Weltkrieg.

Neben der Dauerausstellung »Ethnographie und Herrnhuter Mission« zeigt das Völkerkundemuseum Herrnhut regelmäßig Sonderausstellungen.

▶ **UNITÄTSARCHIV DER EVANGELISCHEN BRÜDER-UNITÄT HERRNHUT**
Zittauer Straße 20, 02747 Herrnhut

▶ **VÖLKERKUNDEMUSEUM**
Goethestraße 1, 02747 Herrnhut

In der Oberlausitz gibt es zahlreiche Museen, die von Schönem und Gelehrtem erzählen und zu einem Besuch einladen. Das Gemälde eines unbekannten Künstlers, nach 1765, ist im Lessingmuseum Kamenz zu sehen. Es zeigt rechts Gotthold Ephraim Lessing, der sich der Legende nach im Alter von fünf Jahren weigerte, sich mit Vogelbauer porträtieren zu lassen, und stattdessen einen Stapel Bücher neben sich verlangte, während sein jüngerer Bruder Theophilus bereits in Pfarrersrobe und mit einem Lamm abgebildet wurde.

▶ **STÄDTISCHE MUSEEN ZITTAU**
Klosterstraße 3
02763 Zittau

▶ **BESUCHERZENTRUM HERRNHUTER STERNE**
Oderwitzer Straße 8
02747 Herrnhut
www.herrnhuter-sterne.de

▶ **GÖRLITZER SAMMLUNGEN FÜR GESCHICHTE UND KULTUR**
Barockhaus Neißstraße 29
02826 Görlitz
www.museum-goerlitz.de

▶ **MUSEUM BAUTZEN**
Kornmarkt 1
02625 Bautzen
www.museum-bautzen.de

▶ **SORBISCHES MUSEUM**
Ortenburg 3–5
02625 Bautzen
www.sorbisches-museum.de

▶ **KLOSTERKIRCHE UND SAKRALMUSEUM ST. ANNEN**
Schulplatz 5
01917 Kamenz
www.lessingmuseum.de

▶ **LESSINGMUSEUM**
Lessingplatz 1–3
01917 Kamenz
www.lessingmuseum.de

Die Löbauer Kirchen

—

VON LARS-ARNE DANNENBERG UND MATTHIAS DONATH

Nikolaikirche

Die Nikolaikirche ist die Hauptkirche Löbaus. Die zweischiffige Hallenkirche wurde nach einem Brand 1378 im gotischen Stil errichtet und im 18. Jahrhundert um ein drittes Kirchenschiff erweitert. 1526 hielt Nikolaus von Glaubitz in der Nikolaikirche die erste lutherische Predigt. Er wurde aber auf Anordnung des böhmischen Königs entlassen, nachdem er sich verheiratet hatte. 1540 konnte sich die Reformation endgültig durchsetzen.

Die alte Inneneinrichtung wurde bei einem Umbau 1884/85 größtenteils entfernt. Die neugotische Ausstattung, die seitdem das Gesicht der Nikolaikirche prägt, entwarf Gotthilf Ludwig Möckel (1838–1915).

► **NIKOLAIKIRCHE**
Johannisplatz 1/3, 02708 Löbau

Kulturzentrum Johanniskirche

Die Johanneskirche war ehemals die Klosterkirche der Franziskaner. Das Kloster ist seit 1336 bezeugt, dürfte jedoch älter sein. Nachdem 1519 ein Brand die Klosteranlage zerstört hatte, wurde die Saalkirche wiederaufgebaut. 1530 wird von der »lutarischen unart« berichtet, die im Kloster eingezogen sei. Nach dem Auszug des letzten Mönchs wurde das Kloster 1565 dem Stadtrat übergeben. Die Kirche diente den evangelischen sorbischen Bewohnern der umliegenden Dörfer als Pfarrkirche, an der mindestens seit 1563 ein »wendischer Prediger« angestellt war. 1912 fand der letzte Gottesdienst in sorbischer Sprache statt. Seit 1966 wird die Johanniskirche nicht mehr für Gottesdienste genutzt.

1996 wurde das baufällige Gotteshaus von der Stadt Löbau übernommen und saniert. Das 2001 eröffnete Kulturzentrum steht modellhaft für die Umnutzung historischer Kirchengebäude. Innen ist jeglicher kirchliche Schmuck entfernt. In schlichtem Weiß öffnet sich ein weiter Raum mit zwei Emporen. Im Kulturzentrum werden Konzerte, Vorträge und Tagungen durchgeführt.

Der in Löbau geborene und aufgewachsene Karl Benjamin Preusker (1786–1871) trug das Erbe der Reformation weiter, indem er sich für die Gründung von Bürgerbibliotheken einsetzte. Er gilt als Wegbereiter des öffentlichen Bibliothekswesens in Deutschland.

► **KULTURZENTRUM JOHANNISKIRCHE**
Johannisplatz 6, 02708 Löbau
kultur@svloebau.de

Aurora oder die Morgenröte

Ein Schuster schaut Gott

—

VON GÜNTHER BONHEIM

Jacob Böhme (1575–1624), der Verfasser philosophisch-theologischer Schriften, ist eine der herausragenden Persönlichkeiten der Oberlausitz. Die sozialen Umstände seiner Geburt in Alt-Seidenberg (Stary Zawidów), einem kleinen, heute in Polen gelegenen Dorf, boten dafür allerdings gewiss nicht die besten Voraussetzungen. Die Schulbildung, die er als Sohn eines Alt-Seidenberger Bauern in der dortigen Dorfschule und daran anschließend wohl auch in der Seidenberger Stadtschule erhielt, wird vergleichsweise solide gewesen sein, zielte aber eben nicht darauf ab, aus ihm einen angehenden Gelehrten zu machen. Böhme erlernte das Schuhmacherhandwerk, daneben jedoch muss er extensive private Studien betrieben haben, wobei ihm natürlich sehr entgegenkam, dass Ende des 16. Jahrhunderts bereits vieles nicht mehr auf Latein publiziert wurde und vor allem auch die für ihn wichtigste Schrift, die Bibel, durch Luthers Übersetzung seit einem guten halben Jahrhundert auf Deutsch vorlag.

Das Ergebnis der umfangreichen Lektüre war zunächst ein völlig anderes als das durch sie erhoffte. Böhme geriet in eine psychische Krise – eine »harte Melancoley und Traurigkeit« nennt er es in seiner ersten Schrift. Was aber war die Ursache dafür? Der Zusammenhang mutet erstaunlich aktuell an: Die Frage, die ihn zunehmend umtrieb, auf die er in keiner Schrift eine ihm plausibel erscheinende Antwort entdecken konnte und die ihn deshalb letztlich verzweifeln ließ, war die Frage nach dem Sinn des Bösen in der Welt, ebenjene, vor die man sich beim Versuch einer Theodizee, einer Rechtfertigung Gottes, gestellt sieht: Warum, wenn Gott doch nur gut ist, gibt es überhaupt das Böse, und warum wird dieses Böse nicht wenigstens durch eine höhere Autorität in seine Schranken verwiesen? So schien für Böhme, zu seiner großen Bekümmerung, alles dafür zu sprechen, dass die Welt eine gottlose ist.

Um 1600 muss es dann seinen eigenen Angaben zufolge gewesen sein, dass er aus dieser Trostlosig-

Grab Jakob Böhmes
auf dem Nikolai-
kirchhof in Görlitz

▶ **Seite 67**
Christoph Gottlob
Glymann, Bildnis
Jacob Böhme, um
1700

Blatt aus »Aurora oder die Morgenröte im Anfang«, 1730

Einsicht möglich, die, wie aus seiner eigenen Beschreibung der Umstände hervorgeht, im Verlauf einer »Viertheil=Stunden« förmlich über ihn hereingebrochen sein muss. Böhmes mehrtausendseitiges Werk, das im Laufe eines guten Jahrzehnts entstand, geht erklärtermaßen zu großen Teilen auf diese unvermittelte Erkenntnis zurück.

In ihr bildete das Verhältnis, und das heißt genauer, das Miteinander-Ringen von Gut und Böse so etwas wie das zentrale Element. Hervorgegangen aus einem ursprünglichen, in sich unterschiedslosen Zustand, den Böhme die klare Gottheit, ein ewiges Nichts oder auch den Ungrund nennt, beginnt der fortan unablässige Kampf der beiden Gegensätze um die Herrschaft noch vor aller Schöpfung im Ewigen; und da, wenn Gott der unendliche und allmächtige Gott bleiben soll, nichts außerhalb von ihm souverän existieren darf, muss dieser Kampf notwendig in seinem Innern stattfinden und damit das Böse ein Teil von ihm sein. Nur fehlt diesem Bösen in diesem Stadium noch jegliche moralische Färbung; zu seinem Gegenpol als der göttlichen »Liebe« oder dem »Licht« steht es als »Zorn« Gottes oder »Feuer« gleichsam in einer metaphysischen Urform in Opposition. Und während sein Bestreben dahingeht, sich in seiner Besonderheit und als ein abgespaltenes autonomes Ganzes zu offenbaren, will das Gute im Gegenteil nichts als die Rückkehr in die ursprüngliche Einheit. Aus dieser Gegenläufigkeit der beiden Bewegungsrichtungen und Willen, die Böhme auch als die beiden ewigen ersten Prinzipien bezeichnet, geht alles Weitere im kosmisch-metaphysischen Raum und schließlich auch die irdische Welt als das dritte, endliche Prinzip hervor. Eines gebiert in Böhmes Entwurf immer das je andere als den eigenen Widersacher aus sich und treibt so den Prozess der Ausdifferenzierung des Seienden voran, was Ernst Bloch (1885–1977) in seiner Böhme-Darstellung dazu veranlasste, in ihm den größten Dialektiker seit Heraklit zu sehen.

Die letzte und, wenn man so will, auch die höchste Stufe in diesem Prozess ist die Entstehung von Zeit, Materie und, vor allem, des Menschen. Mit seiner Erschaffung vollzieht sich eine fundamentale Wendung. Aus den metaphysischen Kategorien werden nun wirklich moralische. Das Böse, dessen Ursprung in Gott angesetzt wurde und von dem Gott trotzdem reinerhalten werden konnte, wird für den Menschen zur Option, gegen die er sich entscheiden kann und – im Sinne des Schöpfungsplans – auch entscheiden soll. Denn nach dem Vorbild Christi ist ihm das Werk der Vollendung

keit schließlich wieder herausfand, und damit etwa zur selben Zeit, in der ihm ein beachtlicher sozialer Aufstieg gelang, in der er im Verlauf weniger Monate das Görlitzer Bürgerrecht und eine Schuhbank auf dem Untermarkt erwarb, sich damit als Handwerksmeister in der Stadt etablierte, heiratete und sein erstes Wohnhaus in Görlitz kaufte. Doch hatte die Überwindung seiner melancholischen Gemütsverfassung weniger mit dieser äußeren Entwicklung zu tun. Da die Frage nach dem Bösen für ihn an Bedeutung seither nicht verloren hatte, war ein Weg aus der Krise letztlich nur in Verbindung mit einer überzeugenden Beantwortung der Frage und damit einer das ganze Weltgefüge umfassenden zugedacht: Indem der Mensch von den beiden ihm sich darbietenden Möglichkeiten das Gute wählt, findet die Bewegung, die im Ungrund begann, in ihm auch wieder ihr Ende und Ziel, wird das Seiende, das sich in seiner ganzen Vielfalt und nicht zuletzt eben auch durch die notwendige Mitwirkung von metaphysischem Zorn und moralischem Bösen offenbart hat, zurückgeführt ins ursprüngliche göttliche Eine.

So weit in groben Umrissen der Kern von Böhmes Lehre. Doch findet sich um diesen herum angeordnet noch manches andere, was nicht weniger interessant erscheint. Dazu zählen gewiss auch jene theologischen Reflexionen und Studien, in denen sich Böhme mit der christlichen Religion auseinandersetzte. So ist seine bei Weitem umfangreichste Schrift, das »Mysterium Magnum«, eine streng durchgehaltene Auslegung des gesamten ersten Buchs Mose. In seinem Traktat von der Gnadenwahl widmete er sich der durch Martin Luthers »De servo arbitrio« (Über den geknechteten Willen) neu entzündeten Diskussion über die Frage der menschlichen Willensfreiheit. Er beantwortete sie entschieden im Sinne einer Freiheit und uneingeschränkten Verantwortlichkeit des Menschen, und so sehnte er eine zweite Reformation herbei, die noch weit über das hinausgehen sollte, was mit der ersten erreicht worden war: »Ich hoffe noch, es wird bald die Zeit der großen Reformation kommen, da man sie (gemeint sind die Geistlichen) auch wird reformieren.« Denn aus den bestehenden Kirchen, so eine von Böhmes wenig diplomatischen Formulierungen, seien »anders nichts, als eitel Zanck-Häuser und geistliche Mordgruben gemacht worden«.

Dabei mag in solch heftige Attacken auch Persönliches mit hineingespielt haben. Böhme hatte sich im Jahr 1612 und damit etwa zwölf Jahre nach der erkenntnisträchtigen Viertelstunde darangebeben, das von ihm damals Erfahrene und Durchdachte aufzuschreiben. Das noch unvollendete Manuskript mit dem Titel »Morgenröte im Aufgang« reichte er an Bekannte weiter, die ohne sein Wissen mehrere Kopien davon anfertigten, von denen eine schließlich in die Hände des Görlitzer Hauptpastors Gregor Richter gelangte. Der zeigte sich ausgesprochen empört über das Werk, weil sich jemand anmaßte, unautorisiert über religiöse Fragen zu schreiben. Jedenfalls wandte sich Richter umgehend an den Magistrat der Stadt Görlitz und erwirkte dort, dass Böhme ein Schreibverbot erhielt und das Original der »Morgenröte« konfisziert wurde. Darüber hinaus erhob er in Sonntagsgottes-

diensten die Angelegenheit zu einem öffentlichen Skandal und beschimpfte den Verfasser der Schrift von der Kanzel der Peterskirche herab als einen »losen Halunken«. Gleichwohl scheint Böhme ein treuer Kirchgänger geblieben zu sein, und auch an das Schreibverbot hielt er sich zumindest einige Jahre. Ab 1618 allerdings – inzwischen hatte er seit Längerem schon das Schuhmacherhandwerk aufgegeben und sich, mit offenbar nur mäßigem Erfolg, auf Handelsgeschäfte verlegt – begann er wieder zu schreiben. Es entstand in rascher Folge eine Vielzahl kleinerer und größerer Traktate. Die Auseinandersetzung mit dem Pfarrer eskalierte daraufhin erneut. Zeitgenossen berichten, dass ihm vor dem Empfang der Sterbesakramente geradezu inquisitorisch noch ein Glaubensbekenntnis abverlangt wurde.

Dass Böhmes Schriften, soweit man weiß, nahezu vollständig erhalten geblieben sind, ist auch insofern alles andere als selbstverständlich und das, zumal sie zunächst noch durch die Wirren des Dreißigjährigen Krieges gerettet werden mussten. Maßgeblichen Anteil daran trugen zum einen Böhmes Freunde und Verehrer aus dem oberlausitzisch-schlesischen Raum, die die Texte in ihren Autographen und zahlreichen Abschriften sorgfältig aufbewahrten. Hinzu kam der glückliche Umstand, dass man bereits wenige Jahre nach Böhmes Tod in Holland auf sein Werk aufmerksam wurde. Abraham van Beyerland, ein an spiritueller Literatur interessierter Amsterdamer Kaufmann, erwarb sämtliche Manuskripte, derer er habhaft werden konnte, und begann auf ihrer Grundlage mit der Edition einzelner Schriften. Für die Anerkennung, die Böhme heute weltweit als Denker genießt, wurde auf diese Weise die Basis gelegt. ●

Gedenktafel am Haus Jacob Böhmes in Görlitz, ehemals Prager Straße 12, heute ul. Daszyńskiego 12 in Zgorzelec

▶ **DR. GÜNTHER BONHEIM**
ist seit 2008 Mitglied im Vorstand des Internationalen Jacob Böhme-Instituts. Er promovierte mit einer Arbeit über Jacob Böhme; es folgten Veröffentlichungen über Jacob Böhme, Jean Paul, Heinrich von Kleist, Anette von Droste-Hülshoff, Wilhelm Müller, Walter Benjamin, Franz Kafka und zur Lyrik nach 1945.

In diesem Hause wohnte Jacob Böhme von 1599 bis 1610

Die Görlitzer Kirchen

VON ANDREAS BEDNAREK, LARS-ARNE DANNENBERG, MATTHIAS DONATH UND MARIUS WINZELER

Peterskirche

Die über dem Neißetal gelegene evangelische Peterskirche (eigentlich St. Peter und Paul) ist die Hauptkirche von Görlitz. Der mächtige Ostchor mit dem spitz aufragenden Kupferdach bietet einen imposanten Anblick. Als älteste Kirche der Stadt ist sie vermutlich aus einer frühen Burgkirche des 11. Jahrhunderts hervorgegangen. Mit Herausbildung der städtischen Kommune am Beginn des 13. Jahrhunderts stieg sie zur Stadtpfarrei auf. 1372 wurde die Peter- und Paulskirche zur alleinigen Hauptkirche der Stadt. 1423 begann der Umbau zu einer mächtigen fünfschiffigen Hallenkirche, die sich an den spätromanischen Westbau ansetzt. Die Görlitzer Peterskirche ist die größte und älteste Kirche dieses Typs in Sachsen. Ihre Konzeption verdankt sie vermutlich dem Baumeister Konrad Pflüger. Die starke Erweiterung nach Osten, Richtung Neiße, erforderte zur Abstützung des Baus die Errichtung einer eigenen Unterkirche, die dem heiligen Georg geweiht ist.

Mit Franz Rotbart, der 1525 zum Pfarrer der Peterskirche berufen wurde, begann die Reformation in Görlitz. Er hielt den ersten evangelischen Gottesdienst und schaffte katholische Bräuche ab. Es dauerte allerdings noch bis zur Mitte des 16. Jahrhunderts, bis sich der lutherische Glaube ganz durchsetzte.

1691 fiel die Kirche einem Brand zum Opfer. Der Wiederaufbau wurde jedoch unverzüglich in Angriff genommen, und schon knapp fünf Jahre später konnte die neue Kirche mit einem feierlichen Gottesdienst ihrer alten Bestimmung übergeben werden. Aus jener Zeit stammt der prächtige Hochaltar von George Herrmann. Der Kirchenraum beeindruckt vor allem durch die Sonnenorgel – ein Werk des kaiserlichen Hoforgelmeisters Eugenio Casparini, der eigentlich Johann Eugen Caspar hieß und aus Sorau in der Niederlausitz stammte. Nach seiner Rückkehr aus Italien hatte er seinen Namen italienisiert.

Der Orgelprospekt stammt von Johann Conrad Büchau, der einige Orgelpfeifen originell in Sonnenform anordnete. Die neogotischen Turmspitzen aus Kunststein entstanden 1889 bis 1891.

▶ **ST. PETER UND PAUL**
Bei der Peterskirche 9, 02826 Görlitz

Dreifaltigkeitskirche

Die Dreifaltigkeitskirche ist die ehemalige Kirche der Franziskaner. Nach eigener Überlieferung errichteten die Franziskaner 1234 ein Kloster in Görlitz. Das Land dazu, an der Stadtmauer, hatten sie von einer Görlitzer Familie geschenkt bekommen. Ihre Klostermauer wurde ähnlich wie in Zittau vollständig in die Stadtmauer integriert.

Entsprechend dem Predigtauftrag der Barfüßermönche wurde die Kirche in der für die Bettelorden typischen Form einer Saalkirche errichtet. Dadurch bot sie genügend Platz für eine große Zuhörermenge. Die Apsis wurde zwischen 1371 und 1381 durch einen gotischen Chorabschluss ersetzt. Möglicherweise hängen die Umbauten mit den Bestrebungen Kaiser Karls IV. (1316–1378) zusammen, der für seinen Sohn Johann (1370–1396) das Herzogtum Görlitz eingerichtet hatte und für diese Zwecke eine repräsentative Kirche benötigte. Das Kirchenschiff wurde im 15. Jahrhundert als gotische Hallenkirche neu errichtet.

Nach dem Auszug der Franziskaner im Zuge der Reformation verfiel die Anlage. Die Klostergebäude nutzte man zunächst als Schule, bis die alten Gebäude 1854 abgerissen wurden und man an ihrer Stelle das neugotische Gymnasium Augustum errichtete. Dagegen besann man sich erst 1715 wieder der hochaufragenden, zierlichen Kirche und renovierte sie. Damals wurde sie der Heiligen Dreifaltigkeit geweiht. Aus dieser jüngeren Epoche stammen auch der barocke Altar mit den Symbolen der Dreifaltigkeit von der Hand des Bildhauers Caspar Gottlob von Rodewitz (1679–1721) sowie die im Chorraum aufgehängten Epitaphien Hans Christoph von Gersdorffs und des ehemaligen Bürgermeisters Knorr von Rosenroth.

▶ **DREIFALTIGKEITSKIRCHE**
Obermarkt, 02826 Görlitz

Nikolaikirche

Die Nikolaikirche ist neben der Peterskirche eine der ältesten Kirchen der Stadt. Als sich Fernhändler um die Wende vom 11. zum 12. Jahrhundert am Bächlein Lunitz niederließen, errichteten sie unweit nördlich davon auch eine Kirche. Sie weihten sie ihrem Schutzpatron, dem heiligen Nikolaus. Archäologische Untersuchungen haben ergeben, dass die Grundmauern der Nikolaikirche wenigstens aus dem 12. Jahrhundert stammen. Nach 1372 sank die Kaufmannskirche zu einem Filial der Peterskirche herab. Im Spätmittelalter wurde in einem finanziellen Kraftakt eine neue gotische Hallenkirche mit Hilfe des Baumeisters Wendel Roskopf errichtet. Die 1452 begonnenen Umbaumaßnahmen wurden jedoch immer wieder unterbrochen, da der gleichzeitige Umbau der Peterskirche Vorrang genoss.

Jahrhundertelang diente die Kirche den Görlitzern als Begräbniskirche. Gleich hinter ihr befindet sich der malerische Nikolaifriedhof, an den sich der städtische Friedhof unmittelbar anschließt. Beide Anlagen beherbergen die Gräber einiger bedeutender Persönlichkeiten, darunter von Jacob Böhme (1575–1624) und Minna Herzlieb (1789–1865). Beeindruckend sind vor allem die auffälligen Grufthäuser aus der Zeit der Renaissance und des Barock.

1925 wurde die Innenkirche von Martin Elsaesser (1884–1957) im Stil des Expressionismus als Gedenkstätte für die Gefallenen des Ersten Weltkrieges umgestaltet. Heute befindet sich im Kirchenschiff eine Ausstellung, die sich mit Leben und Werk Jacob Böhmes beschäftigt.

▶ **NIKOLAIKIRCHE**
Bogstraße, 02826 Görlitz

Frauenkirche

Eine Besonderheit in der mittelalterlichen Stadt Görlitz stellte die Frauenkirche dar, die entgegen den üblichen Gepflogenheiten über keine eigene Pfarrgemeinde verfügte. Sie wurde allein durch Spenden der Görlitzer Patrizier unterhalten. Dass diese Quelle offensichtlich reichlich sprudelte, beweist ihre großartige Architektur. Ab 1449 wurde sie anstelle eines schlichten Vorgängerbaus, der womöglich eine Art Sühnekapelle darstellte und durch die Hussiten zerstört worden war, neu aufgebaut, ehe das vollendete Bauwerk schließlich 1473 geweiht werden konnte. Die großzügige, nun gleichfalls im spätgotischen Stil errichtete dreischiffige Hallenkirche, an die sich ein lang gestreckter Chor anschließt, zeugt vom wirtschaftlichen Wohlstand, den die Görlitzer Bürger zu jener Zeit erlangt hatten. Zierliche Maßwerkarbeiten und ein feingliedriges Netzrippengewölbe verleihen dem Schiff einen anmutigen Eindruck. Die Schlusssteine des Netzrippengewölbes bilden die Sieben Freuden Marias ab. Die Innenausstattung wurde indes bei einem Umbau der Jahre 1869/70 neu geschaffen, welcher die romantisierenden neogotischen Vorstellungen aus der Gründerzeit widerspiegelt. Im Oktober 1989 öffnete die Frauenkirche als erste Kirche in Görlitz ihre Türen für die Friedensgebete der Friedlichen Revolution.

Annenkirche

Die Annenkapelle wurde am Vorabend der Reformation, zwischen 1508 und 1512, erbaut. Die große Kirche besaß keine Gemeinde und erhielt keine Funktion im Pfarrgefüge der Stadt, war sie doch ein Privatbau des reichen Görlitzer Kaufmanns Hans Frenzel. Der Bau ist Ausdruck der vorreformatorischen Frömmigkeit, denn Frenzel versprach sich dadurch himmlischen Beistand der heiligen Anna bei seinem Wunsch nach einem Sohn und Erben. Die Kapelle wurde erbaut gegen den Widerstand von Teilen des Rats um Frenzels Widersacher Georg Emmerich, die Einnahmeverluste für den etablierten Pfarrklerus befürchteten. Um 1520 errichtete Frenzel noch ein Priesterhaus. Später war die Annenkirche Waisenhaus- und Zuchthauskirche. Heute wird sie als Turnhalle und Aula des angrenzenden Augustum-Annen-Gymnasiums genutzt.

▶ **FRAUENKIRCHE**
An der Frauenkirche, 02826 Görlitz

▶ **ANNENKIRCHE**
Marienplatz, 02826 Görlitz

Heiliges Grab

Das Heilige Grab ist ein Landschafts- und Architekturensemble mit der Nachbildung der Heiligen Stätten in Jerusalem. Das »Lausitzer Jerusalem« wurde zwischen 1480 und 1504 nach einer Stiftung des vermögenden Görlitzer Kaufmanns Georg Emmerich (1422–1507) errichtet, der vermutlich durch seine Pilgerfahrt nach Jerusalem dazu inspiriert worden war.

Die Anlage erinnert an die Passion Christi und gibt die Ereignisse im Kidron-Tal, auf der Jüngerwiese sowie auf dem Ölberg wider. Der größere, zwischen 1481 und 1505 errichtete zweigeschossige Bau, eine spätgotische, dem Heiligen Kreuz geweihte Kapelle mit einer Krypta, versinnbildlicht die Adams- sowie die darüber befindliche Golgatha-Kapelle. Beide erinnern daran, dass das Kreuz Christi genau über dem Grab des biblischen Stammvaters Adam errichtet worden ist. Das andere Gebäude symbolisiert das Felsengrab Jesu. Äußerlich im romanischen Stil mit orientalischen Mustern gehalten, ist es innen ganz schmucklos. Zwischen beiden Gebäuden liegt die Salbungskapelle mit der kunstgeschichtlich bemerkenswerten Pietà Hans Olmützers.

Obwohl der Pilgerort vor Einführung der Reformation entstanden ist, entwickelte er sich im 16. Jahrhundert zu einem lutherischen Wallfahrtsort. Das Heilige Grab diente als Gedenkzeichen für Kreuzestod und Auferstehung Christi. Seit dem 17. Jahrhundert sind die Peterskirche und die Heilig-Grab-Anlage durch einen Kreuzweg miteinander verbunden.

▶ **HEILIGES GRAB**
Heilige-Grab-Straße 79, 02826 Görlitz
www.heiligesgrab-goerlitz.de

Der Nachwelt zum Gedächtnis

Der Zittauer Epitaphienschatz

—

VON MARIUS WINZELER

Die Stadt Zittau besitzt mit ihren beiden Fastentüchern von 1472 und 1573 nicht nur Kunstwerke von europäischem Rang, sondern auch herausragende Zeugnisse für die Kunst- und Frömmigkeitsgeschichte der Reformationszeit. Mit Fastentüchern wurde während der Fastenzeit der Altarraum verhüllt, um das Allerheiligste vor den Blicken der Gläubigen zu verbergen. Nur wenige dieser Frömmigkeitszeugnisse haben sich weltweit erhalten. Das ältere große Fastentuch, eine monumentale Bilderbibel mit 90 Darstellungen des Alten und Neuen Testaments, vergegenwärtigt die christliche Heilsgeschichte von der Erschaffung der Welt bis zu ihrem Untergang, wobei Passionsszenen mit Schergen in spätmittelalterlicher Gewandung oder die Versuchung Jesu mit der Wiedergabe des Teufels in Gestalt eines Bettelmönchs auch als volkstümliche zeitgeschichtliche Darstellungen interpretiert werden können. Und das jüngere kleine Fastentuch mit seinem ungewöhnlichen, ganz auf die letzten Worte Jesu nach dem Johannesevangelium ausgelegten Kreuzigungsbild zeugt als einziges erhaltenes evangelisches Fastentuch des 16. Jahrhunderts sowohl von der Popularität mittelalterlicher Verhüllungsmetaphorik über die Reformation hinaus als auch von der Verfügbarkeit großer Vorbilder der Renaissance von Dürer und Michelangelo mittels der damals modernen Druckgrafik. Beide Zittauer Fastentücher sind allerdings erst wieder seit wenigen Jahren ins öffentliche Bewusstsein zurückgekehrt, nachdem sie 1994/95 in der Abegg-Stiftung in Riggisberg bei Bern konserviert und restauriert

Frauenkirche in Zittau, Innenansicht mit Epitaphien Zittauer Bürger, um 1890

◀ **Seite 74**
Kleines Zittauer Fastentuch von 1573. Es ist weltweit das einzige nachreformatorische Fastentuch

wurden und seither bereits hunderttausende Besucher aus der ganzen Welt in ihren Bann ziehen konnten.

Noch völlig verborgen und unbekannt ist ein zweiter Komplex von Zittauer Bildern aus sakralem Zusammenhang, der in dieser Fülle, Aussagekraft und künstlerischen Vielfalt nicht nur außergewöhnlich, sondern ebenfalls von singulärem Wert ist – der »Zittauer Epitaphienschatz«, ein Kaleidoskop reformationszeitlicher Glaubensbilder und bürgerlicher Repräsentation.

Es handelt sich um rund 80 in den Sammlungen der Zittauer Städtischen Museen und in Kirchenbesitz erhaltene Epitaphien (Gedächtnisbilder und Schrifttafeln), die zur Erinnerung an Einzelpersonen und Familien des Zittauer Bürgertums zwischen dem mittleren 16. und dem 18. Jahrhundert entstanden sind. Voraussichtlich ab 2017 werden sie erstmals in ihrer Gesamtheit im Rahmen einer großen Reformationsausstellung zu erleben und danach dauerhaft in der Zittauer Klosterkirche präsentiert sein – im Komplex des ehemaligen Franziskanerklosters, wo seit dem 16./17. Jahrhundert die reichen Zittauer Sammlungen beheimatet sind.

Ehemaliges Franziskaner-
kloster in Zittau, heute
Kulturhistorisches Museum

Formal vertreten die Zittauer Beispiele sehr verschiedene zeitliche und stilistische Strömungen und Vorlieben. Von den ältesten schlichten Ädikulatafeln des mittleren 16. Jahrhunderts spannt sich der typologische Bogen über reichere Säulchenretabel der reifen Renaissance hin zu opulent mit ganzen Säulengliederungen, Nischen, Konsolen, verschiedenen Gesimsen und Sprenggiebeln instrumentierten Architekturen des Manierismus. Mehrere Werke des 16. und 17. Jahrhunderts lassen sich aufgrund von formalen Verwandtschaften, der gleichen Ornamentierung und nahezu identischen Fassungen zu Gruppen zusammenfassen, die bei

Der »Zittauer Epitaphienschatz« ist ein Kaleidoskop reformations-zeitlicher Glaubensbilder und bürgerlicher Repräsentation.

näherer Untersuchung wahrscheinlich auch Werkstattzusammenhänge erkennen lassen. Zwischen 1580 und 1620 scheinen Weißfassungen mit Beschlagwerk und Lüsterungen besonders beliebt gewesen zu sein – nicht zuletzt an den als Brüstungsfeldern an den Emporen eingesetzten Epitaphtafeln. Im Zweiten Drittel des 17. Jahrhunderts hingegen lässt sich eine ganze Gruppe von Werken mit dem charakteristischen, in der damaligen Zit-

▶
Epitaph für Ursula Laußmann mit Darstellung der Familie unter der Kreuzigung, 1624. Aus der Frauenkirche Zittau, heute Städtische Museen Zittau

▼
Epitaph für Bartholomäus Denicke aus Spandau mit der Darstellung »Lasset die Kindlein zu mir kommen«, 1653. Aus der Frauenkirche Zittau, heute Städtische Museen Zittau

tauer Sakralkunst vorherrschenden Farbklang Schwarz-Gold einem Werkstattumkreis zuweisen, der sich um den Tischlermeister George Bahns gruppierte. Die jüngeren Barockwerke von zum Teil überaus monumentalen Ausmaßen sind dagegen stärker individuell geprägt und stellen großenteils formal völlig eigenständige Werke dar, die nur bei genauer Betrachtung von Details Auskünfte zu Atelier- und personellen Entstehungszusammenhängen offenbaren. Zu den architektonisch-ornamentalen Rahmungen gehören dann verstärkt auch figürliche Darstellungen von hoher künstlerischer Qualität. Hinsichtlich der Gemälde ist das Spektrum an Themen und Inhalten weiter gefasst: Darstellungen der Kreuzigung überwiegen zwar, es sind aber auch zahlreiche Themen aus dem Christusleben von der Geburt, Anbetung, Beschneidung, Taufe bis zu Gleichnissen und zur Passionsgeschichte vertreten, ebenso das Jüngste Gericht. Dazu gehören auch einige ungewöhnliche und in der evangelischen Epitaphkunst seltene Motive wie die Darstellungen der Sieben Werke der Barmherzigkeit oder des Gnadenstuhls. Wie für viele Epitaphien generell üblich, spielen Porträts der zu erinnernden Familien und Einzelpersonen eine herausragende Rolle, sei es in Form von Bildnissen, die in die Hauptdarstellungen integriert sind, oder als Predellen mit Familien zu Seiten eines Kruzi-

fixes, seien es kleine und große Bildnismedaillons.

Im regionalen und überregionalen Vergleich stellt der Zittauer Epitaphienschatz heute eine Besonderheit dar, da keine andere vergleichbar große Oberlausitzer, sächsische oder mitteldeutsche Stadt und kein Ort in den angrenzenden Ländern Böhmen und Schlesien noch über einen ähnlich umfangreichen evangelischen Gedächtnisschatz verfügt. In bürgerlich dominierten evangelischen Großstädten der Frühen Neuzeit wie in Breslau, Nürnberg sowie vielen Hansestädten waren bis zum Zweiten Weltkrieg teilweise umfangreichere Epitaphienbestände in den Kirchen vorhanden. Davon ist jedoch ein großer Teil verloren oder verstreut und bietet sich kaum mehr zum Vergleich an. In Zittau gelang es in mehreren Etappen seit den mittleren 1990er Jahren, das überkommene Ensemble zu retten, nachdem es Jahrzehnte lang unter katastrophalen Bedingungen aufbewahrt worden war. Die Holzsubstanz vieler Werke hatte sich infolge von Feuchtigkeit und Anobienbefall aufgelöst oder war schwer geschädigt; viele Einzelteile waren abgebrochen, einige auch verloren gegangen. Die vielfältigen malerischen Fassungen der Rahmen, aber auch die Bilder und Inschriften waren vielfach nicht nur stark verschmutzt und lose, sondern zum Teil auch schon abgängig. Bedrohlich war zum Teil auch der Zustand von ungewohnten Materialkombinationen. Die Malerei der Tafeln und Leinwände verschwand vielfach nicht nur unter einer Schmutzschicht, sondern drohte abzusplittern oder in Schollen abzufallen. Schließlich gelang es seit 2012 in Kooperation mit der Evangelisch-Lutherischen Kirchgemeinde St. Johannis, mit dem Landesamt für Denkmalpflege Sachsen, vor allem aber mit Beratung und Unterstützung der Sächsischen Landesstelle für Museumswesen und dank zahlreichen Förderern, ein umfassendes Konservierungsprojekt zu starten.

Epitaph für Matthias Schemisch mit den Darstellungen des Jüngsten Gerichts und der Sieben Werke der Barmherzigkeit, 1586. Aus der Frauenkirche Zittau, heute Städtische Museen Zittau

nach Leipzig zum zweitwichtigsten Handelsplatz Sachsens geworden war und auch der sächsischen Residenzstadt Dresden nicht fernstand. Etliche der Epitaphien sind Protagonisten der Stadtgeschichte gewidmet, Repräsentanten des wohlhabenden evangelischen Bürgertums, das mit solidem sozialen Fundament, weitsichtig und weltoffen, kulturell ambitioniert und religiös gut verwurzelt das Geschick von Stadt und Land Zittau prägte. Zusammen mit den ebenso zahlreichen wie qualitätvollen steinernen Grabdenkmälern und Grufthäusern – auch diesbezüglich nimmt Zittau heute eine absolute Sonderstellung ein – repräsentieren die Epitaphien einen wesentlichen Teil des kollektiven Gedächtnisses dieser Stadt. Sie berichten von Politikern, Kaufleuten, Gelehrten und Handwerkern – von Männer und Frauen, Kindern und Greisen, von ganzen Familienverbänden und mehreren Generationen. Fleischhauer und Mannstäschner, Wirtinnen und Bierbrauer, Richter und Bäcker, Baumeister und Bürgermeister, Weber und Maler sind mit Lebensgeschichten vertreten. In einzigartiger Weise stehen uns hier »Gesichter der Reformation« vor Augen. Durch den biographischen Bezug bildet der »Zittauer Epitaphienschatz« ein Denkmalensemble von einem historischen Rang, der umso höher liegt, als das Stadtarchiv 1757 weitgehend vernichtet wurde und damit viele der Gedächtnisbilder einen singulären Überlieferungswert verkörpern. ●

Mit 39 Epitaphien stammt ein erheblicher Teil des bewahrten Bestandes aus der Epoche, als Zittau eine böhmische Stadt war. Der jüngere Bestand entstand in der danach folgenden sächsischen Epoche, wobei die letzten Werke erst 1786 geschaffen wurden. Künstlerisch offenbart schon der erste Überblick nicht nur eine große formale und ikonographische Vielfalt, sondern auch zahlreiche, hauptsächlich über die Druckgraphik vermittelte Verbindungen zur Kunst Venedigs und Oberitaliens, in die Niederlande, nach Prag und Mähren sowie nach Dresden, Leipzig und Berlin und damit ein Beziehungsgeflecht, das weit über den politischen Rahmen der Entstehungszeit hinausreicht. Mit Blick auf die Geschichte der Stadt Zittau, die lange Zeit als »die Reiche« galt, vermögen die Epitaphien neben ihrer kirchen- und kulturgeschichtlichen Bedeutung vor allem Auskünfte zu geben zur Wirtschafts- und Sozialgeschichte der alten böhmischen Königstadt, die im 17. und 18. Jahrhundert

▶ **DR. MARIUS WINZELER**
war bis 2015 Direktor der Städtischen Museen Zittau und ist seit 2016 Direktor der Sammlung Alte Kunst an der Nationalgalerie Prag. Er promovierte mit einer kunstgeschichtlichen Studie zum Schatz des Klosters St. Marienstern; zahlreiche Publikationen zur Kunst- und Kulturgeschichte Böhmens und der Oberlausitz folgten.

Die Zittauer Kirchen

VON MARIUS WINZELER, LARS-ARNE DANNENBERG UND MATTHIAS DONATH

Klosterkirche und Franziskanerkloster

Das Zittauer Kloster, heute Kulturhistorisches Museum Franziskanerkloster, ist die besterhaltene Klosteranlage des Franziskanerordens im heutigen Sachsen. Herzstück ist die gotische Klosterkirche. Während der Chor in den 1290er Jahren erbaut wurde, entstand die zweischiffige Halle des Langhauses im 14./15. Jahrhundert.

Die gotischen Teile der Klostergebäude stammen aus dem 13. und 14. Jahrhundert. In den Räumen fand das Prager Domkapitel eine Zuflucht, als es 1421 vor den Hussiten aus der Hauptstadt Böhmens floh. Die Domherren lasen hier Messen, sie wohnten hier, aber auch in den Gebäuden der Johanniter-Kommende. 1437 kehrten die Domherren nach Prag zurück.

Wahrscheinlich wurde für die Domherren auch die Barbarakapelle nördlich an die Klosterkirche angebaut. Dieser Gebäudeteil erfuhr in den 1660er Jahren unter Bürgermeister Heinrich von Heffter einen Umbau und eine Aufstockung. Im Heffterbau war seit 1691 die Böhmische Kirche für die lutherischen Glaubensflüchtlinge tschechischer Muttersprache eingerichtet. Zittau war ein wichtiger Zufluchtsort für vertriebene Böhmen und Mähren evangelischen Glaubens. Heute gehört der Heffterbau zum Kulturhistorischen Museum.

▶ **KULTURHISTORISCHES MUSEUM FRANZISKANERKLOSTER**
Klosterstraße 3, 02763 Zittau
www.museum-zittau.de

Kreuzkirche

Mit dem Bau der Kreuzkirche wurde Ende des 14. Jahrhunderts an einer Stelle begonnen, wo bis dahin Töpfer ihre Öfen und Werkstätten hatten. Wahrscheinlich war eine große Stiftung oder auch eine Kreuzreliquie Ausgangspunkt der Kirchenentstehung. Bis 1410 wurde das Bauwerk vollendet – als größte böhmische Einstützenkirche in diesem charakteristischen Typus mit quadratischem Schiff, das von einem Sternenschirm überwölbt wird, der aus einem Zentralpfeiler herauswächst. Die Bauleute kamen aus Prag, aus der Dombauhütte Peter Parlers am Veitsdom.

1972 wurde die Kirche entwidmet, weil die Zittauer Kirchgemeinde ihre Unterhaltung nicht mehr finanzieren konnte. Ende der 1980er Jahre begann eine Feierabendbrigade mit ersten Sicherungsmaßnahmen. Nachdem der Bau 1990 definitiv in städtisches Eigentum übergegangen war, konnte eine grundlegende Sanierung durchgeführt werden.

Heute dient die Kreuzkirche als Museum für das 6,8 Meter breite und 8,2 Meter hohe Große Zittauer Fastentuch. Es wurde 1472 von dem Gewürz- und Getreidehändler Jakob Gürtler gestiftet. Die 90 Bildfelder enthalten Darstellungen aus dem Alten und Neuen Testament. Das Große Fastentuch verhüllte den Altarraum der Johanniskirche in der Fastenzeit vor Ostern. Es blieb bis 1672 in Gebrauch.

▶ **KREUZKIRCHE UND MUSEUM KIRCHE ZUM HEILIGEN KREUZ**
Frauenstraße 23, 02763 Zittau
www.zittauer-fastentuecher.de

Johanniskirche

Zittau bekannte sich schon früh zur Reformation. 1521 wurde Lorenz Heidenreich, ein Schüler Martin Luthers, zum Pfarrer der Stadtkirche St. Johannis berufen.

Die Zittauer Hauptkirche geht auf das 13. Jahrhundert zurück. Aus einer romanischen Basilika wuchs sie zur großen dreischiffigen Halle und schließlich im 15. Jahrhundert zur vierschiffigen Hallenkirche heran. Vom mittelalterlichen Bau steht heute nur noch das Unterteil des Nordturms. Das gotisch anmutende Oberteil ist erst eine barocke Zutat, als man im frühen 18. Jahrhundert den Südturm kopierte.

Im Siebenjährigen Krieg wurde die Stadt Zittau von den Preußen besetzt und dann von den eigentlich verbündeten Österreichern beschossen. Das Bombardement am 13. Juli 1757 versetzte große Teile der Stadt in Schutt und Asche und zerstörte auch diese Kirche. Der Wiederaufbau dauerte lange. Erst 1837 konnte die nach Plänen des preußischen Baumeisters Karl Friedrich Schinkel (1781–1841) vollendete Kirche wieder eingeweiht werden. Innen wurde ein eindrucksvoller klassizistischer Kirchenraum geschaffen, den Schinkel als eines seiner liebsten Werke bezeichnete. Er hatte freie Hand bei der Gestaltung – bis hin zur Ausmalung und zu den Leuchtern und Paramenten. Die Turmfront wurde überformt. Schinkel einte die Türme nicht, sondern verstärkte die Gegensätze, indem er auf den Nordturm statt der dort ehemals vorhandenen Barockhaube einen spitzen gotischen Helm setzte.

▶ **JOHANNISKIRCHE**
Pfarrstraße, 02763 Zittau

Dreifaltigkeitskirche oder Weberkirche

Die Dreifaltigkeitskirche wurde Mitte des 15. Jahrhunderts zunächst als hölzerne Begräbniskirche vor der Stadtmauer errichtet, ehe sie um 1500 in Stein ausgeführt und in die Stadtbefestigung integriert wurde. Noch heute verleihen ihr die mächtigen Strebepfeiler sowie der bastionartige Vorbau der Westfront mit dem steilen Satteldach ein wehrhaftes Aussehen. Im Inneren handelt es sich um eine einschiffige Saalkirche mit polygonalem Chorabschluss im Osten. Im Volksmund trägt sie den Namen Weberkirche, da sie angeblich aus Spenden der Weber errichtet wurde, die auch zum Erhalt der Kirche beitrugen. Die Zittauer Handwerker- und Kaufmannsfamilien ließen sich vornehmlich auf dem umliegenden Weberfriedhof bestatten, wo sich bis heute eindrucksvolle Grabmäler der Renaissance und des Barock erhalten haben.

Hospitalkirche St. Jakob

Vor den Toren der Stadt wurde an der Straße nach Böhmen ein Hospital errichtet, das dem heiligen Jakob geweiht war und auch Pilgern und Reisenden als Herberge diente. Die Ersterwähnung datiert bereits in das Jahr 1303. Kriege und Hochwasser der Mandau fügten den Gebäuden immer wieder schwere Schäden zu, so dass das Hospital mehrfach abgerissen und neu aufgebaut werden musste. Dagegen blieb die frühgotische Hospitalkirche erhalten, erfuhr aber auch mehrere Umbauten. Auf verhältnismäßig niedrigen Mauern, die durch Strebepfeiler gestützt werden, ruht ein nicht sehr steil aufragendes Satteldach. 1778 wurde über dem Westgiebel ein quadratischer Dachreiter aufgesetzt. Im Inneren beeindruckt ein dreijochiger Raum, der von einem Kreuzrippengewölbe überwölbt ist. 1617 wurden auf der Westseite Emporen eingezogen, deren Brüstung biblische Malereien zieren. Der gegenüberliegende Altar ist das Werk eines Zittauer Künstlers von 1680. 1921 erfolgte eine abermalige Umgestaltung des Innenraums. 1990 wurde die Kirche erneut renoviert und der Evangelisch-Methodistischen Kirchgemeinde zur Nutzung überlassen.

▶ **WEBERKIRCHE**
Innere Weberstraße, 02763 Zittau

▶ **HOSPITALKIRCHE ST. JAKOB**
Martin-Wehner-Platz 1, 02763 Zittau

Evangelischer Glaube in der polnischen Oberlausitz

Interview mit Pfarrer Cezary Królewicz
—

DAS INTERVIEW FÜHRTEN LARS-ARNE DANNENBERG UND MATTHIAS DONATH (ÜBERSETZUNG VON CEZARY KRÓLEWICZ)

Seit wann gibt es in Lauban (Lubań) evangelische Christen?
Natürlich seitdem die Botschaft Martin Luthers nach Lauban gelangte. Das war schon recht früh. Am Ostersonntag 1525 bekannte sich Pfarrer Georg Hew öffentlich zur neuen Lehre, indem er in deutscher Sprache gegen die Irrtümer und Missbräuche der katholischen Kirche predigte. Damit setzte sich auch in Lauban die Reformation durch. Nur das Kloster der Magdalenerinnen blieb beim katholischen Glauben.

Was passierte 1945?
Lauban wurde im Februar und März 1945 zu großen Teilen zerstört. Im Sommer folgte dann die Vertreibung der deutschen Bevölkerung. Die polnischen Siedler, die hierher kamen, waren Katholiken. Sie nutzten die unzerstört gebliebene katholische Dreifaltigkeitskirche. Die sehr stark beschädigte evangelische Kreuzkirche wurde abgerissen. Den wenigen verbliebenen evangelischen Christen, überwiegend Deutsche, die in Polen bleiben durften, wurde die Frauenkirche überlassen, die ehemalige Friedhofskirche.

Und wie sieht es heute aus?
Lange gab es in Lauban keine evangelische Gemeinde mehr, aber es gab weiterhin eine seelsorgerliche Betreuung auch der evangelischen Gläubigen. 2005 wurde die Gemeinde neu gegründet, und ich bin hier seitdem Pfarrer. Wir nutzen die Frauenkirche für unsere Gottesdienste, nebenan steht das Pfarrhaus mit der Diakoniestation.

Wer gehört zur Gemeinde?
Die Gemeinde ist gemessen an deutschen Verhältnissen sehr klein. Für polnische Verhältnisse hat sie mit ihren rund 150 Mitgliedern eine durchschnittliche Größe. Die Gemeindeglieder wohnen nicht nur in Lauban, sondern weit verstreut im Umland. Evangelische Christen sind in Polen eine kleine Minderheit. Dabei gab es eine lange Tradition evangelischen Glaubens. Eine Hochburg der evangelischen Polen ist das Gebiet um Teschen (Cieszyn). Unsere Gemeindeglieder sind alle polnischer Herkunft. Die Zahl der evangelischen Christen deutscher Muttersprache ist in den letzten Jahren stark zurückgegangen.

Zu welcher Landeskirche gehört Ihre Gemeinde?
Zur Evangelisch-Augsburgischen Kirche in Polen. Die evangelisch-lutherische Landeskirche wurde 1918 mit dem Wiedererstehen des polnischen Staates gegründet. Der Name bezieht sich auf die Augsburger Konfession. Unsere Kirche hat etwa 85.000 Gemeindeglieder, das sind ungefähr 0,2 Prozent der Bevölkerung. Allerdings konnten wir in den letzten Jahren einen starken Zuwachs verzeichnen.

Erhalten Sie Hilfe aus Deutschland?
Ja, und dafür sind wir sehr dankbar. Die Evangelische Kirche Berlin-Brandenburg-schlesische Oberlausitz unterstützt die Gemeinden im Bistum Breslau, dem auch wir angehören. Unsere Partnergemeinde ist die Evangelische Kirchengemeinde Schleife im Norden der Oberlausitz. Außerdem hilft uns die Kirchliche Stiftung Evangelisches Schlesien.

Sie sind eigentlich Schlesier?
Ja, ich stamme aus Katowice in Oberschlesien. Lauban wird oft zu Niederschlesien gerechnet. Nur wenige wissen, dass wir uns hier in der Oberlausitz befinden. In den letzten Jahren allerdings hat die Oberlausitzer Geschichte eine stärkere Aufmerksamkeit erfahren. So wurde 2006 eine Gesellschaft der Freunde der Oberlausitz (Stowarzyszenie Miłośników Górnych Łużyc) in Lauban gegründet.

●

Vorn rechts Pfarrer Cezary Królewicz;
vorn links: Regionalbischof a.D. Hans-Wilhelm
Pietz, dahinter Generalsuperintendent Martin
Herche

Od jak dawna są w Lubaniu chrześcijanie wyznania ewangelickiego?

Oczywiście od czasu, kiedy tylko nauka Marcina Lutra dotarła do Lubania. To było stosunkowo wcześnie. W Niedzielę Wielkanocną 1525 roku za nowym spojrzeniem na Pismo Święte opowiedział się publicznie ks. Georg Hew wskazując na na błędy i nadużycia kościoła katolickiego. Poprzez jego działaność Reformacja zakorzeniła się w Lubaniu. Jedynie zakon sióstr Magdalenek pozostał przy wierze katolickiej.

Co wydarzyło się w roku 1945?

Lubań w lutym i marcu 1945 roku w dużej części został zburzony. Latem nastąpiło wypędzenie Niemców. Polscy osadnicy, którzy przybyli do Lubania, przeważnie byli katolikami. Oni użytkowali istniejący kościół katolicki Trójcy Świętej, który nie został zburzony. Uszkodzony kościół ewangelicki Krzyża Chrystusowego został w roku 1957 całkowicie zburzony decyzją władz państwowych mimo wpisania kościoła do rejestru zabytków. Niewielu pozostałym ewangelikom, przeważnie Niemcom, którzy mieli prawo pozostania w Polsce, przekazano kościół Marii Panny.

A jak to wygląda dzisiaj?

Niestety przez długi powojenny czas w Lubaniu nie było samodzielnej Parafii Ewangelickiej, chociaż istniało duszpasterstwo ewangelickie. Księża dojeżdżali do Lubania. W roku 2005 powstała na nowo samodzielna Parafia Ewangelicka w Lubaniu. Od tego czasu jestem jej proboszczem. Kościół Marii Panny jest naszym kościołem parafialnym, gdzie odprawiane są regularnie nabożeństwa ewangelickie. Tuż obok znajdują się Dom Parafialny i siedziba Diakonii Lubań.

Kto należy do Parafii?

Parafia nie jest zbyt liczna porównując ją z niemieckimi parafiami, ale w polskich warunkach stanowi Parafię średniej wielkości. Parafianie mieszkają nie tylko w Lubaniu, lecz również w okolicy. Ewangelicy stanowią w Polsce mniejszość wyznaniową. Istnieje jednak długa i piękna tradycja wiary ewangelickiej w Polsce. Szczególnym miejscem dla ewangelików w Polsce jest Cieszyn. Nasi Parafianie w Lubaniu mają polskie pochodzenie. Liczba ewangelików posługujących się językiem niemieckim w ostatnich latach bardzo mocno zmalała.

Do jakiego Kościoła krajowego należy Księdza Parafia?

Do Kościoła Ewangelicko-Augsburskiego w Polsce. Powstał on z chwilą odzyskania niepodległości przez Polskę w roku 1918. Nazwa Kościoła wiąże się z Konfesją Augsburską. Nasz Kościół liczy ok. 85.000 wiernych, co stanowi ok. 0,2 % ludności. W każdym razie ostatnie dziesięć lat istnienia Parafii Ewangelickiej w Lubaniu związany jest z jej nie tylko liczebnym wzrostem.

Czy otrzymuje Ksiądz pomoc z Niemiec?

Tak i jesteśmy za nią bardzo wdzięczni. Kościół Ewangelicki Berlina-Brandenburgii wspiera Parafie Ewangelickie Diecezji Wrocławskiej, do której należy nasza Parafia. Mamy również tzw. Parafię partnerską, którą jest Parafia Ewangelicka Schleife/Slepo na północy Górnych Łużyc. Oprócz tego pomaga nam Fundacja Kościelna Ewangelickiego Śląska.

Czy jest Ksiądz Ślązakiem?

Tak, pochodzę z Katowic na Górnym Śląsku. Lubań często umiejscawia się na Dolnym Śląsku. Tylko niektórzy wiedzą jednak, że Lubań znajduje się na Górnych Łużycach. W ostatnich latach znacznie wzrosła jednak świadomość historii Górnych Łużyc w powiązaniu z historią naszego miasta. W roku 2006 w Lubaniu powstało Stowarzyszenie Miłośników Górnych Łużyc. ●

▶ **PFARRER CEZARY KRÓLEWICZ**
ist Pfarrer der Evangelisch-Augsburgischen Kirche in Lauban.

Die Laubaner Kirchen

VON LARS-ARNE DANNENBERG UND MATTHIAS DONATH

Blick in den Chorraum der
Frauenkirche Lauban

Frauenkirche

Die vor der Stadtmauer gelegene Frauenkirche wurde 1452 bis 1455 als Begräbniskirche errichtet. Als Mitte des 17. Jahrhunderts im Fürstentum Jauer die Gegenreformation durchgeführt wurde, waren davon auch die schlesischen Nachbarorte Laubans betroffen. 1654 wurde die Frauenkirche den evangelischen Christen aus Berthelsdorf (Uniegoszcz), Thiemendorf (Radostów) und Klein Neundorf (Wolbromów) als Predigtkirche übergeben. In den Jahren der Glaubensverfolgung zogen sie jeden Sonntag über die Landesgrenze zu ihrer Zufluchtskirche. Bis 1945 blieb die Laubaner Frauenkirche die Pfarrkirche dieser Dörfer. Die Saalkirche des 15. Jahrhunderts wurde 1887/88 im neugotischen Stil umgebaut.

Nach dem Zweiten Weltkrieg wurde das Gotteshaus der Evangelisch-Augsburgischen Kirche in Polen übergeben. Damit gehört die Frauenkirche zu den wenigen Grenz- und Zufluchtskirchen, in denen noch heute lutherische Gottesdienste gefeiert werden.

Die Kreuzkirche, bis 1945 die evangelische Stadtkirche Laubans, wurde im Zweiten Weltkrieg zerstört. Nach dem Krieg brach man die Ruine ab.

Dreifaltigkeitskirche

Eine der vier geistlichen Einrichtungen, die der Oberlausitzer Ständeversammlung angehörten, war das Kloster der Magdalenerinnen in Lauban. Da die Nonnen über den Glauben ihrer Untertanen bestimmen durften, blieben die Oberlausitzer Dörfer, die dem Kloster gehörten, beim katholischen Glauben. 1846 wurde in Lauban wieder eine katholische Pfarrei begründet, die die Klosterkapelle St. Anna nutzte. 1859 bis 1861 ersetzte man diese Kapelle durch eine neugotische Backsteinkirche. Erbaut nach Plänen des Münchner Architekten Johann Evangelist Marggraff (1830–1917), wurde sie »Zur heiligen Dreifaltigkeit« geweiht. Heute ist dieses Gotteshaus die katholische Pfarrkirche Laubans. Das angrenzende Kloster der Magdalenerinnen wurde im Zweiten Weltkrieg zerstört und nicht wiederaufgebaut.

▶ **KOŚCIÓŁ EWANGELICKI MARYI PANNY W LUBANIU**
Aleja Kombatantów 1, 59-800 Lubań
www.luban-luteranie.pl

▶ **KOŚCIÓŁ ŚWIĘTEJ TRÓJCY**
ul. Szymanowskiego 1, 59-800 Lubań

Zufluchtskirche in Holzkirch
(Kościelnik), rechts der Queis,
der Grenzfluss zwischen der
Oberlausitz und Schlesien

Grenzkirche in
Podrosche

◀ **Seite 90**
Grenzkirche in
Gebhardsdorf
(Giebułtów),
Kirchenschiff,
Zustand vor 1945

sie auf das evangelische Erbe Schlesiens – auch wenn sich infolge der Grenzverschiebungen nach dem Zweiten Weltkrieg heute nur eine kleine Minderheit der polnischen Bevölkerung Schlesiens zum evangelischen Glauben bekennt.

Heute liegen – mit einer Ausnahme – alle Grenz- und Zufluchtskirchen auf polnischem Gebiet. Soweit sie nicht zerstört sind, dienen sie dem römisch-katholischen Gottesdienst. Lediglich die Frauenkirche in Lauban gehört zur Evangelisch-Augsburgischen Kirche in Polen.

Auf deutscher Seite liegt die Grenzkirche in Podrosche. Sie ist dadurch entstanden, dass Pfarrer und Lehrer aus der Kleinstadt Priebus (Przewóz) 1668 über die Neiße zum Marktflecken Podrosche wechselten, der auf Oberlausitzer Gebiet lag. Nachdem die Gottesdienste zunächst unter freiem Himmel und in einer provisorischen Bretterkirche stattgefunden hatten, wurde 1690 eine Fachwerkkirche errichtet. Sie bestand aus einem achteckigen Kirchenschiff und einem rechteckigen Vorbau mit Glockenturm. Bis zum Ende der Glaubensverfol-

gung war Podrosche der Gottesdienstort für die evangelischen Christen aus 27 Dörfern des Fürstentums Sagan. Die Fachwerkkirche brannte 1907 ab und wurde 1907/08 durch einen steinernen Neubau ersetzt, der sich an die Gestalt der alten Kirche anlehnt.   ●

▶ **WEITERFÜHRENDE LITERATUR**
Lars-Arne Dannenberg/Matthias Donath/Eike Thomsen/Wojciech Wagner, »Herr, Gott, du bist unsere Zuflucht für und für«. Grenz- und Zufluchtskirchen Schlesiens, Olbersdorf 2012

Impressum

OBERLAUSITZ
ORTE DER REFORMATION
Journal 29

Herausgegeben von Dr. Lars-Arne Dannenberg und Dr. Matthias Donath im Auftrag des Kulturraums Oberlausitz-Niederschlesien

Die Deutsche Bibliothek verzeichnet diese Publikation in der Deutschen Nationalbibliographie; detaillierte bibliographische Daten sind im Internet über http://dnb.ddb.de abrufbar.

© 2016 by Evangelische Verlagsanstalt GmbH · Leipzig
Printed in Germany · H 8026

IDEE ZUR JOURNALSERIE
Thomas Maess, Publizist, und Johannes Schilling, Reformationshistoriker

GRUNDKONZEPTION DER JOURNALE
Burkhard Weitz, chrismon-Redakteur

COVER & LAYOUT
NORDSONNE IDENTITY, Berlin

COVERBILD
Rudolf Uhrig

REDAKTION
Dr. Lars-Arne Dannenberg, Dr. Matthias Donath, Susanne Hoffmann, Margrit Kempgen, Joachim Mühle

BILDREDAKTION
Dr. Lars-Arne Dannenberg, Dr. Matthias Donath, Joachim Mühle

ISBN 978-3-374-04268-5
www.eva-leipzig.de

DR. LARS-ARNE DANNENBERG
Herausgeber und verantwortlicher Redakteur

DR. MATTHIAS DONATH
Herausgeber und Redakteur

www.luther2017.de

Bildnachweis

Abegg-Stiftung: S. 17
Dr. Andreas Bednarek: S. 18, 32, 33, 34
Sammlung Dr. Andreas Bednarek: S. 35
Jens-Michael Bierke: S. 30
Dr. Lars-Arne Dannenberg: S. 58, 65, 71 (rechts), 72 (links und rechts)
Sammlung Dr. Lars-Arne Dannenberg: S. 42/43
Dr. Matthias Donath: S. 2 (oben), 3 (unten), 13, 14, 16, 20, 24, 26, 27, 28, 44, 47, 56 (links), 73, 83 (rechts), 86, 88/89,
Sammlung Dr. Matthias Donath: S. 90
Holger Hinz: S. 4/5, 54, 55, 56 (rechts), 57 (links und rechts)
Eckhard Huth: S. 87 (links und rechts), 91
Rainer Kitte: S. 6/7, 70
Cezary Królewicz: S. 84
F. Martin Kühne: S. 50–52
Görlitzer Sammlungen für Geschichte und Kultur: S. 31, 68
Landkreis Görlitz, Pressestelle: S. 1
Jürgen Matschie: S. 10/11, 22, 29

Ratsarchiv Görlitz: S. 21
Nikolai Schmidt: S. 93
Sorbisches Museum Bautzen: S. 25
Stadt Zittau: S. 8/9, 81 (René E. Pech)
Städtische Museen Zittau: S. 3 (oben), 74 (Abegg-Stiftung, Christoph von Viràg), 75, 76–80 (Jürgen Matschie)
Städtische Sammlungen Kamenz: S. 44 (Carsta Off), 45, 46 (unten), 48 (Dietmar Träupmann), 63 (rechts), 67 (Jürgen Matschie)
Unitätsarchiv Herrnhut: S. 2 (unten), 59, 60 (oben und unten), 61, 62 (oben)
Völkerkundemuseum Herrnhut: S. 63 (links)
Kai Wenzel: S. 36–41
Wikimedia: S. 19, 23, 66 (KyleB), 69 (Panek), 82 rechts (Paulis), 83 links (Manecke)